John Oldmixon

Das brittische Reich in America

sammt dem eroberten Kanada mit denen wichtigen Inseln Gadaloupe, Martinique

und andern See-Plätzen

John Oldmixon

Das brittische Reich in America
sammt dem eroberten Kanada mit denen wichtigen Inseln Gadaloupe, Martinique und andern See-Plätzen

ISBN/EAN: 9783743479081

Hergestellt in Europa, USA, Kanada, Australien, Japan

Cover: Foto ©ninafisch / pixelio.de

Manufactured and distributed by brebook publishing software
(www.brebook.com)

John Oldmixon

Das brittische Reich in America

Das
Brittische Reich
in
America
sammt dem eroberten
Canada
mit denen wichtigen Inseln
Gadaloupe, Martinique und andern See-Plätzen,
oder:
Kurzgefaßte Beschreibung
der
Engländischen Pflanzstädte
sammt ihrer Macht, Geschichte und Handlung
in
Nord-America.
Nebst zuverläßiger Nachricht von denen Gränzstreitig-
keiten und Kriege mit denen Franzosen,
durch drey
sauber illuminirte Landkarten
aller Engländischen Provinzien erläutert.

Dritter über die Hälfte vermehrter Druck.

Sorau,
bey Gottlob Hebold 1761.

Beschreibung
von
Canada und St. Laurentii-Strom.

Die Landschaft Canada, lat. Canada hat seinen Namen von dem Flusse Canada, welcher nunmehro St. Laurentii heißt. Die Franzosen nennen es insgemein Neu-Frankreich, weil Frankreich vieles davon besitzet. Es gränzet die Landschaft gegen Mitternacht an die Meerenge und Meerbusen, welche Hutson entdecket.

Gegen Abend weis man die Gränzen noch nicht, weil man das veste Land noch nicht gänzlich eingenommen hat. Etwas weiter herunter stößt es an Neu-Mexico, gegen Mittag an Florida, und gegen Morgen an das Mar del Nort. In der Länge von Mittag gegen Mitternacht sind ohngefähr 500 Meilen; die Breite hingegen kann man gar nicht bestimmen, weil noch niemand das Ende des vesten Landes gegen Abend erreichet hat. Die Luft ist in diesem Lande gesund und das Erdreich sehr fruchtbar. Getraide, Hanf, Flachs, Tobak und Obst wächst in grosser Menge. Die Viehzucht ist ziemlich gut; dahero man mit den Ochsen-Häuten und Ziegen-Fellen eine vortheilhafte Handlung treibet. Kupfer, Eisen und Bley trifft man hier und da an. Die Weinstöcke stehen in den Wäldern häufig. Honig, Wachs und Gummi hat man reichlich. Wildpret von allerhand Art und Fische, ingleichen viele Stockfische sind dieses Landes Reichthümer.

thümer. Die Engländer und Franzosen haben sich zwar daselbst veste gesetzt; Allein die wilden Einwohner haben noch vieles davon im Besitz.

Durch das Französische Canada verstehet man das meiste von Canada, ja fast alles, was den Engländern nicht gehöret. Es ist ein großes Stück Landes, welches von Morgen gegen Abend auf 300, und von Mittag gegen Norden auf 200 Meilen beträgt. Weil sich die Franzosen seit 1504 des Stockfischfanges wegen hieher gewaget, so haben sie auch endlich dieses Land mit entdecket. Anfänglich sahe es ziemlich wüste und leer allhier aus, nunmehro wächst Indianisch Korn und Flachs im Ueberfluß. Hernach giebt es viele Biber, große und wilde Geisen, unzählige Meerwölfe, Aale und Lerchen in großer Menge. Der König von Frankreich hat das ganze Land der Westlichen Compagnie zu Paris überlassen und sich nur die Oberherrschaft vorbehalten. Der Fluß Canada oder St. Laurentii, welchen wir weiter unten beschreiben, macht die Abtheilung. Was zwischen Acadia oder Neu-Schottland und diesem Flusse liegt, heißt das eigentliche Canada; was jenseit dieses Flusses zur Linken liegt, das heißt Neu-Frankreich; und was unter diesem Flusse an dem Flusse Mißißippi liegt, das wird Louisiana genennet. Andere nennen dieses alles Neu-Frankreich. Wir wollen es auch also nennen.

I. Canada im eigentlichen Verstande, Lat. Canada propria, ist demnach dasjenige Stück von Neu-Frankreich, welches zwischen Neu-Schottland und dem Flusse St. Laurentii liegt. Französisch wird es auch la vraye Canade genennet. In der Länge hat es 80 und in der Breite 40 Meilen.

II. Neu-Frankreich, Lat. nova Francia im engern Verstande, da es nur dasjenige in sich begreift, was jenseit des Flusses St Laurentii liegt. Ehedessen war dieses ganze Stück Landes ein Aufenthalt wilder Thiere. Nachdem sich aber die Franzosen allhier 1604 veste gesetzet, so haben sie das Holz abgetrieben und Aecker angebauet. Indianisches Korn und Flachs wächst nunmehro unvergleichlich. Man findet auch Orangerien und Weinberge. Die Viehzucht ist nicht zu verachten. Kupfer, Eisen und Bley liefern die Bergwerke. Holz, Stein-Kohlen, eingesalzene Fische und allerhand Rauchwerk unterhalten die Handlung, zumal da es über dieses Hirsche, Gemsen, Ziegen, Baren, wilde Katzen, Füchse, Marder, Biber, Fischottern, See-

Hunde

Hunde und Meerwölfe in großer Menge giebt. Und das Meer liefert Lachse, Aale, Cabeliau, oder Stockfische, Morueen und Wallfische.

In vorhergehender Beschreibung haben wir gehandelt von dem Englischen Canada; hier ist die Rede

  I. Von dem Französischen;
  II. Von dem wilden Canada.

Weil der Laurentii-Strom die ganze Beschreibung des Landes, und aller Pflanzstädte an die Hand giebt, so wollen wir von dem Ausflusse oder Meerbusen an demselben bis ungefähr zu seinem Ursprunge vor uns nehmen. Der Fluß Saguenai fließt auf der Fahrt nach Quebek rechter Hand, und ist von der Größe, daß die stärksten Schiffe 25 Meilen ihn befahren können.

Die vornehmsten Oerter sind:

I. Brest, eine gute Handelsstadt, wo der Laurentii-Fluß ins Meer fällt.

II. Tadusac, weit unter Brest, am Fluß St. Laurentii, bey der Einfahrt rechter Hand des Flusses Saguenai, woselbst die mehresten Erdbeschreiber eine Stadt verzeichnet haben. Es ist aber nichts weiter als ein Haus der Franzosen, und einige Cabanen der Wilden daselbst anzutreffen, welche zur Zeit des Stillstandes sich einfinden, und nachher ihre Cabanen gleich den Buden auf Jahrmärkten mit sich nehmen (*).

III. St. Jean, ein gutes Handelsstädtchen an einem See gleiches Namens.

IV. Fünfzehen Meilen von Tadusac, ingleichen eben so viel von Quebec ist die Bucht St. Paul, woselbst die Wohnungen ihren Anfang nehmen. Man trifft daselbst Fichten-Wälder an, daraus die Bäume von besondern Werth gehalten werden. Sie sind roth und von großer Schönheit, und brechen niemalen. Sechs Meilen weiter hinaufwärts liegt ein außerordentliches hohes Gebirge, woselbst sich eine Reihe Berge endiget, welche sich auf 400 Meilen nach Westen erstreckt. Man nennt es auch das Vorgebirge der Curaal (Cap Tourmante).

              V. Hier-

─────────
*) S. Beschreibung der Französischen Pflanzstädte in Nord America.

V. Hierauf folget die Insel Orleano, deren völlig bebauete Felder einem Amphitheater gleichen. Sie hat ungefähr 15 Meilen im Umfange, und nunmehro zählet man 6 ziemlich bewohnte Kirchspiele daselbst.

Bis zu der Insel Orleans ist der Lorenz-Fluß gesalzen.

VI. Quebec, Lat. Quebecum, eine schöne und ziemlich veste Stadt mit einer Citadelle, St. Louis genannt, unter Tadusac, am Flusse St. Laurentii.

Ihre Lage ist bewundernswürdig, denn es ist keine Stadt auf der Welt als diese, von der gesaget werden kann, daß sie einen Haven von süßen Wasser auf sechzig Seemeilen habe, die fähig ist, 100 Schiffe von der Linie in sich zu fassen, desgleichen liegt sie an dem schiffbaresten Flusse des ganzen Erdbodens. Sie wird in die Ober- und Unterstadt getheilet, in der Unterstadt sind eine Reihe verschiedener wohlgebauter und an Felsen gelehneter Häuser zu sehen, außer diesen giebt es noch deren andere ziemlich lange Reihen Häuser. Zwischen der Vorstadt und der großen Straße gehet man zu der Oberstadt auf einem so steilen Wege, daß man Stufen hinein hauen müssen. Zur rechten Hand des Platzes aber ist ein Weg gemachet, der nicht so steil und mit Häusern besetzt ist. Dieses ist der Ort wo die beyden Wege sich vereinigen, und die Oberstadt von der Seite des Flusses anhebet: denn es ist an der Seite des Flusses St. Carl noch eine andere Unterstadt. Zu sehen ist der Bischöfliche Palast, das General-Gouvernement, die Ordens-Brüder; die Haupt- und Pfarrkirche ist schlecht gebauet, das Seminarium, Jesuiter-Collegium, die meisten Häuser sind mit Steinen gebauet, aber mit Schindeln gedeckt.

Eine Viertelmeile von der Stadt liegt das große Hospital, dieses ist das schönste Gebäude in ganz Canada, und würde den größesten Städten in Europa zur Zierde gereichen; der einzige Fehler besteht darinne, daß es auf einen morastigen Grund gebauet ist, dreyßig Nonnen sind zu Wartung der Kranken darinn bestimmet.

Quebec ist zwar gut, aber nicht regelmäßig bevestiget, man rechnet die Zahl der Einwohner nicht höher als 7000 Seelen; hier ist sonderlich niemand auf Sammlung einiger Schätze bedacht, die Gemüther sind aufgeräumt, und die Sitten anständig.

Drey Meilen von Quebec gegen Nordost liegt ein kleines Dorf, Loretto genannt, so von Huronen bewohnt wird, die den Christlichen

Glauben

✠ ✠ ✠

Glauben angenommen haben, die Capelle darinn ist nach dem Muster der Capelle, Santa Casa genannt, in Italien gebauet, es ist auch ein dergleichen Marienbild dahin gebracht worden. Daselbst ist eine Mission angeleget.

Sieben Meilen von Quebec liegt das Kirchspiel, Pointe aux Trembles genannt, so eines der besten im Lande ist, die Kirche ist groß und wohl gebauet, die alten Einwohner sind hier reicher als die Edelleute; dieses ist auch sonder Zweifel eine Ursache mit, die Ludewig XIV. bewogen, allen in Canada wohnhaften Edelleuten die Handlung, so wohl zu Wasser als zu Lande, zu gestatten, ohne daß ihrem Adel Abbruch dadurch geschehe. Im übrigen ist keinem von ihnen das Patronats-Recht zugestanden. Denn obgleich einige haben Kirchen erbauen lassen; so hat doch der König dieses Recht blos den Bischöfen zugestanden.

Fünf und zwanzig Meilen von Quebec liegt die Stadt, zu den drey Flüssen (des trois Rivieres) genannt. Nichts ist schöner als ihre Lage. Sie ist auf einem Sandhügel erbauet; und mit allem umgeben, was eine Stadt angenehm machen kann. An dem Fusse der Stadt liegt der St. Lorenz-Fluß, der nur eine halbe Meile allhier breit ist. Jenseit desselben siehet man nichts, als bestellte Felder, und die angenehmsten Waldungen von der Welt. Etwas unterwärts, und an derselben Seite, wo die Stadt liegt, nimmt der Fluß einen andern kleinen Fluß ein, der, ehe er sein Wasser mit diesem vermischet, zugleich zween andere, den einen zur rechten, und den andern zur linken Seite, zu sich nimmt; woher auch der Name, zu drey Flüssen, welchen diese Stadt führet, entstanden ist.

Die Stadt St. Peter selbst bestehet zwar nur aus 7 bis 800 Einwohnern: ihre Nachbarschaft aber enthält so viel Menschen, daß eine der größesten Städte damit besetzet werden könnte. Es giebt viel schöne Eisenbergwerke daselbst, welche stark bearbeitet werden, und gute Ausbeute geben. Die Stadt mag übrigens so wenig bewohnet seyn, als sie will, so ist doch ihre Lage sehr wichtig, und eine von den ältesten Niederlassungen der Colonie. Verschiedene Klöster und andere öffentliche Gebäude geben ihr keine geringe Zierde. Sie hat auch itzo ein ordentliches Tribunal, dessen Oberhaupt ein Generallieutenant ist.

Oberwärts, und fast in einerley Weite nimmt die See St. Peter ihren Anfang, die ohngefähr 3 Meilen in der Breite, und 7 in der

B   Länge

Länge enthält. An der äußersten Abendseite der See St. Peter liegen eine ungeheure Menge Inseln von allerley Größe, welche die Inseln Richelieu genannt werden. Wendet man sich zur Linken, wenn man von Quebec kommt, so trifft man 6 andere an, welche eine tiefe Krümme umgeben, worein sich ein artiger Fluß ergießt, der in der Nachbarschaft von Neu-York (es ist vielmehr die Nachbarschaft von Neu-Enaland, wo der Fluß St. François entspringt) seinen Ursprung nimmt. Die Inseln, der Fluß, und das ganze Land, so er bewässert, heißet St. Franciscus. Jede Insel ist ⅔ Meile lang, die Breite aber ist ungleich: die mehresten von den Richelieu-Inseln sind kleiner.

In dieser Gegend hatten sich die Abenaquis niedergelassen. Ihr erster Stand, bey Verlassung ihres Landes, war an einem kleinen Flusse, Chaudiere genannt, der sich in den St. Lorenz-Fluß, gerade von Sylleris gegen über, oder 1½ Meilen oberhalb Quebec gegen Mittag ergießet. Sie hatten sich in der Gegend eines Wasserfalles, der Sault de la Chaudiere genannt wird, gesetzet. Gegenwärtig befinden sie sich am Ufer des Flusses St. Franciscus, 2 Meilen von seiner Mündung in der See St. Peter. Der Ort ist sehr angenehm; und es ist Schade, daß diese Völker sich die Annehmlichkeit dieser schönen Lage nicht recht zu Nutze machen. Das Dorf ist zahlreich, und wird von solchen Wilden bewohnet, die den christlichen Glauben angenommen. Diese Völkerschaft ist gelehrig, und den Franzosen zu allen Zeiten zugethan.

Dieses ganze Land ist lange Zeit ein Schauplatz verschiedener blutiger Auftritte gewesen, weil es wegen der iroquoisischen Kriege den Anfällen dieser Barbaren beständig ausgesetzt worden. Sie kamen auf einem Fluß in diesen Pflanzort, der sich in den St. Lorenzfluß ein wenig oberhalb der See St. Peter, an eben der Seite des St. Franciscus-Flusses ergießet: Aus dieser Ursache hat er auch anfänglich den Namen nach diesen Völkern bekommen: nachher hat man ihn den Richelieu-Fluß genennet, heut zu Tage aber heißet er der Fluß Sorel (Riviere de Sorel). Die Inseln Richelieu, welche sie sogleich antrafen, dieneten ihnen zugleich so wohl zu Hinterhalten, als auch zur Sicherheit. Als ihnen aber durch das Fort Richelieu, so an dem Eingange des Flusses aufgeführet wurde, der Paß verrennet worden, so nahmen sie ihren Weg zu Lande ober- und unterhalb desselben, und hielten sich sonderlich an die Seite von St. Franciscus, woselbst sie eben die Be-

quem-

quemlichkeit antrafen, ihre Raubereyen und ihre Grausamkeiten ausz
uüben. Von da aus verbreiteten sie sich in der ganzen Colonie; daher man, um ihrer Wuth Einhalt zu thun, genöthiget wurde, an jedem Kirchspiele ein Fort aufzurichten, wohin sich die Einwohner bey dem ersten Lärmen in Sicherheit begeben konnten. Tag und Nacht wurden Wachten ausgestellt, und einige Feldstücke waren beständig geladen, so wohl die Einwohner von ihrer Einkunft zu benachrichtigen, als auch selbige bey einem Anfalle zurück zu treiben. Diese Forts bestanden aus einer bloßen Ringmauer, so mit Umpfählungen und einigen Redouten verschlossen waren. Die Kirche lag mitten darinnen, und überdem war noch Raum genug, im Fall der Noth die Weiber und Kinder, ingleichen das Vieh darinn aufzunehmen. (So reden die Franzosen von der Erbauung dieser Schanzen; allein die Engländer beschweren sich, daß sie in dem Gebiete von Neu England, und zwar in der so genannten Maßachusetsbay-Colonie erbauet worden. Sieben dergleichen Dörfer haben sie seit dem Utrechter Tractat zwischen der Insel Orleans und dem Fluß Jroquois oder Sorel errichtet.)

Sobald man die Inseln Richelieu verlassen, scheinet es, als ob man in eine ganz andere Himmelsgegend gelange. Die Ufer des Lorenz Flusses haben ungemein viel Reizungen, man trift von Zeit zu Zeit verschiedene Inseln darauf an, wovon einige bewohnt sind.

Die Insel Montreal, welche gleichsam der Mittelpunct dieser schönen Gegend ist, hat zehen Meilen in der Länge und 4 Meilen in der Breite. Der Berg, wovon sie den Namen bekommen, hat zwo Spitzen von ungleicher Höhe, liegt fast in der Mitte der Länge der Insel, von der mittägigen Küste aber liegt er nur eine halbe Meile ab. Woran die Stadt Montreal erbauet ist. Die Herren, welche die Domainen nicht allein von der Stadt, sondern auch von der ganzen Insel haben, sind die Seminaristen von St. Sulpicius, und das ganze Land ist durchgängig sehr gut: und da die Stadt nicht weniger als Qubec bewohnet ist, so kann man mit Gewißheit sagen, daß diese Herrschaft wenigstens ein halb Dutzend andere Herrschaften in Canada übertrift. Die Stadt Montreal hat ein vortrefliches Ansehen. Sie ist wohl gelegen und gebauet. Die Annehmlichkeiten ihrer Gegend flößen eine gewisse Munterkeit ein, welche ein jedweder bey der Annäherung bey sich verspüret. Sie ist bevestiget und mit einer Mauer umgeben. Die Stadt an sich ist ein längliches Viereck, und liegt am Ufer des

B 2 Flusses,

✻ ✻ ✻

Flusses, welches, da es sich allmählig erhebet, die Stadt der Länge nach in die obere und untere Stadt theilet: man vermerket aber kaum, daß man von einer Stadt zur andern gehet. Das Gotteshaus, das Königl. Magazin u. der Waffenplatz sind in der Unter-Stadt; daselbst wohnen auch beynahe alle Kaufleute. Das Seminarium, die Pfarr-Kirche, die Recollets, Jesuiten, die Nonnen, desgleichen der Gouverneur und die mehresten Bedienten halten sich in der obern auf. Jenseit eines kleinen Flusses, der von Nordwest kommt, und die Stadt auf dieser Seite begränzet, trifft man einige Häuser und das Hospital an: und wenn man sich zur rechten Hand jenseit des Hauses der Recolets, so an dem äußersten Theile der Stadt an eben der Seite stohet, wendet; so erhebet sich eine Art einer Vorstadt, welche mit der Zeit ein gut bewohnter Platz werden kann. Die Jesuiten haben zwar nur ein kleines Haus, ihre Kirche aber ist groß und wohl gebauet. Das Kloster der Recollets ist hingegen weit geräumlicher. Das Seminarium liegt mitten in der Stadt, und stößet an die Pfarr-Kirche, welche einer Haupt-Kirche weit ähnlicher als die zu Quebec ist. Das Hospital ist von einer Privat-Person, Namens Charron, erbauet, und ist ein schön Gebäude. Die dazu gehörige Kirche ist auch wohl angeleget.

Zwischen der Insel Montreal und dem vesten Lande, gegen Norden, liegt eine andere Insel, die ohngefähr 8 Meilen lang, und 2 breit ist. Diese wurde anfänglich die Insel Montmagny, nach dem General-Gouverneur in Canada, genannt: nachher aber wurde sie den Jesuiten überlassen, welche sie die Jesus-Insel nannten. Ohngeachtet sie nun nachher den Vorstehern des Seminarii zu Quebec zugefallen, so hat sie doch diesen Namen behalten. Das Land ist gut; und man hat Hoffnung, daß sie um deßhalb besser angebauet werden wird.

Der Canal, der beyde Inseln von einander sondert, führet den Namen Wiesen-Fluß, (Riviere des pruiries) weil er mitten über viel grasreiche Wiesen fließet. Sein Lauf wird gegen die Mitte durch einen Strom gehemmet, der der Wasserfall der Recollets, zum Gedächtniß eines dieses Ordens, der daselbst ersoff, genannt wird. Die Seminaristen von Montreal haben lange Zeit eine Mißion daselbst gehabt, die aber nach der Zeit anderswohin verlegt ist. Der nordliche Arm des Flusses ist mit einer so ungeheuren Zahl von Inseln besäet, daß fast so viel Land, als Wasser, darinn befindlich ist. Dieser

Canal

✶ ✶ ✶

Canal oder Arm führet den Namen der Tausendinseln, (Milles Isles) oder auch St. Johannes-Fluß. Oberwärts der Insel Jesus lieget die kleine Insel Bisard, welche von einem Schweitzer, dem sie zugehörete, also genennet wurde, der nachher als Major zu Montreal verstarb. Etwas weiter hinauf nach Süden zu trift man die Insel Perrot an, welche ihren Namen von dem ersten Gouverneur zu Montreal, Perrot, erhalten. Diese Insel ist auf 2 Meilen lang und breit, und das Erdreich ist gut. Die Insel Bisard endiget die See der zweyen Berge; (des deux montagnes) und die Insel Perrot trennet eben diese See von der See St. Ludwig. Die See der zweyen Berge ist eigentlich die Mündung des großen Flusses, sonst der Utawaisfluß genannt, in dem St. Lorenz-Flusse. Er ist 2 Meilen breit. Der Fluß St. Ludwig, der eigentlich der südliche Canal des Flusses St. Lorenz ist, ist etwas grösser.

Die mehreste Sicherheit von Montreal, und der ganzen Gegend, haben während des Krieges = Dörfer, so mit Iroquoifischen Christen bewohnet sind, und das Fort Chambly zuwege gebracht. Das erste von gedachten beyden Dörfern ist der Wasserfall St. Ludwig, so auf dem vesten Lande nach der Südseite zu, 3 Meilen über Montreal lieget. Es ist stark bewohnet, und wird als eine der stärksten Schutzwehre wider die heidnischen Iroquoisen so wohl, als wider die Engländer in Neu-York angesehen. Es wurde seine Lage verschiedene mal verändert; und das andere mal wurde es gegen einen Wassersturz über angeleget, so der Wasserfall St. Ludwig genannt wurde; daher es auch diesen Namen nicht nur bekommen, sondern selbigen auch beybehalten, ohnerachtet es anitzo eine ganze Ecke davon liegt. Nunmehro scheinet es, als ob es seine itzige Lage behalten werde. Denn es ist eine dauerhafte Kirche und wohlangelegtes Missionhaus darinne erbauet worden. Die Gegend ist überhaupt unvergleichlich. Der an diesem Orte sehr breite Fluß ist mit vielen Inseln besäet, welche einen angenehmen Anblick verursachen. Die Insel Montreal liegt im Perspective auf der einen Seite; und auf der andern ist das Gesicht wegen der St. Ludwigs-See fast ganz offen.

Das andere Dorf heißet Montagne, weil es lange Zeit auf dem gedoppelten Berge gestanden, von dem die Insel den Namen erhalten. Nachher hat man es an den Wasserfall der Recollets verleget; gegenwärtig lieget es auf dem vesten Lande, gerade gegen dem

B 3 äußer-

✿ ✿ ✿

äußersten Abend-Theile der Insel über. Die Seminaristen von Montreal haben darinn die Herrschaft. In beyden Dörfern haben sie viele tapfere streitbare Leute gefunden, und ihre Treue zu den Franzosen war ausnehmend, ehe der Geiz der Handels-Leute die Völlerey daselbst eingeführet, als welche noch weit mehr Unheil in selbigem, als in den Mißionen St. Franciscus und Bekancourt, angerichtet.

Seit dem die Stadt zu den 3 Flüssen, (des trois Rivieres) nicht mehr so häufig von den nordlichen und westlichen Völkern besuchet wurde, hat sich der Peltzhandel seit einigen Jahren nach Montreal gezogen, woselbst die Wilden zu gewissen Zeiten aus allen Theilen von Canada anlangeten. Dieses war eine Art einer Messe, welche viele Franzosen nach dieser Stadt lockete. Der General-Gouverneur und der Aufseher begaben sich ebenfalls dahin; und bedienten sich dieser Gelegenheit, die Zwistigkeiten, welche sich etwan zwischen den Franzosen und ihren Bundsgenossen ereignen möchten, zu schlichten. Es kamen auch vor einigen Jahren versiedene kleine Flotten der Wilden nach Montreal; jedoch die Feindseligkeiten der Iroquoisen haben den starken Zulauf der Menschen nach dieser Colonie nicht wenig gehemmet. Diesem Unheil nun möglichst abzuhelfen, so sind an den mehresten Orten Vorraths-Häuser und Forts angelegt, welche mit Commandanten und hinreichenden Soldaten besetzt sind, die Handels-Güter in Sicherheit zu setzen. (Seit dem Utrechter Frieden haben die Franzosen zwischen dem Fluß Iroquois oder Sorel und Montreal, welche Gegend die Engländer zu Neu-York rechnen, verschiedene bevestigte Flecken und Dörfer gegen Mittag des St. Lorenz-Flusses erbauet, welche nebst den 7 oben erwähnten Dorfschaften, die nach der Meynung der Engländer in der Massachusetsbay liegen, 28 Pfarr-Kirchen in sich begreifen. Anderer Niederlagen und Magazine, die allemal dabey kleine Schanzen sind, nicht zu gedenken.)

Weil wir oben kürzlich des Forts Chambly Erwähnung gethan, und solches als eine der stärksten Vertheidigung von Montreal angegeben; so ist auch davon noch etwas zu gedenken. Als die Iroquoisen bey Errichtung der Französischen Pflanz-Städte lauter Beunruhigungen unternahmen, fuhren sie einen Fluß hinab, der sich in den St. Lorenz Fluß, ein wenig oberhalb der See St. Peter ergießet, und welcher deshalb der Iroquoisen-Fluß genennet worden ist. Nachher hat er den Namen Richelieu, und zwar von einem Fort, erhalten,

das

das eben alſo hieß, und an deſſen Mündung aufgerichtet war. Als ſolches zerſtöret war, ließ Sorel ein anderes aufrichten, ſo nach ſeinem Namen genennet wurde: dieſer Name iſt auch dem Fluſſe mitgetheilet worden, ſo ihn auch bis itzo beybehalten, ohngeachtet das Fort ſelbſt nicht mehr daſelbſt ſtehet. Wenn man den Fluß ohngefähr 17 Meilen weit hinauf fähret, und ſich etwas nach Südweſten ſchläget, trifft man einen Strom, und gegen über eine kleine See an, die von dem Fluſſe ſelbſt gebildet wird. An dem Ufer dieſes Stroms, gerade der See über, liegt dieſes Fort. Anfänglich wurde es von Chambly von bloßem Holz, und zwar zu eben der Zeit erbauet, als Sorel das ſeinige aufrichtete: nachher aber iſt es von Steinen aufgeführet, und mit 4 Baſtionen verſehen worden; es wird auch beſtändig eine ſtarke Beſatzung darinn unterhalten. Das Erdreich der Gegend iſt ſehr gut. Man hat Pflanzörter daſelbſt angelegt, und allem Anſehen nach würde wohl mit der Zeit eine Stadt erbauet werden. Von Chambly bis an die See Champlain ſind nur 8 Meilen; der Fluß Sorel durchfließet die See: und vielleicht wäre keine Gegend in Neu-Frankreich beſſer zu bevölkern, als dieſe. (Die Franzoſen haben dieſe Anmerkung des Pater Charleroix nicht aus der Acht gelaſſen. Sie habeſt an dem See Champlain und Sacrement, welcher mit dem Champlain zuſammen hängt, ſeit dem Utrechter Frieden nicht nur die Veſtung la Couronne, die auch Crownpoint und St. Friedrich genennet wird, nach allen Regeln der Baukunſt, ſondern auch noch 3 andere Schanzen an dem Fluß Sorel erbauet. Sie ſind noch weiter gegangen, und haben in dem Gebiete von Neu-England, in Neuhampſhire, eine Schanze, Cowas oder Cohaſſer, an dem Fluß Connecticut angelegt, 140 Engliſche Meilen nach Süden am Fluß St. Lorenz. Sie bedienen ſich dabey der Indianer, ſo um den See Champlain wohnen, und ſie ohngefähr etliche und 60 ſtreitbare Mann aufbringen können, ſehr nützlich gegen die Engländer. Das Fort Cownpoint hatten ſie 1705 den Engländern weggenommen, und dagegen die Veſtung Friedrich gebauet. Es iſt bekannt, daß der Engliſche General Johnſon im September 1755 in der Nähe dieſer Veſtung die Franzoſen unter dem General Dieskau geſchlagen hat, und im Begriff war, die Veſtung zu belagern.) Die Himmelsgegend iſt ſo gelinde, als an einem Orte der Colonie, und die Einwohner würden die Iroquoiſen zu Nachbarn haben, welche im Grunde ganz gute Leute ſind; die

nicht

nicht weiter nach Uneinigkeiten trachten würden, wenn sie sähen, daß ihnen nachdrücklicher Widerstand geschehen könnte.

Canada, von Montreal an bis Louisiana.

Das erste, was wir hier zu beschreiben vor uns finden, sind die sogenannten Cascaden. Dasjenige so also genennet wird, ist ein gerader über der Insel Perrot gelegener schneller Strom, der die See S. Ludwig und die See der zwey Berge (Lac de deux montagnes) von einander absondert. Diese Wasserfälle zu vermeiden, wendet man sich ein wenig rechter Hand; und lässet die Canote bis an einen Ort, das Loch (le Trou) genannt, leer fortgehen: nachher ziehet man sie ans Land, und trägt sie eine halbe viertel Meile; damit man einen andern schnellen Strom, Bouisson genannt, vermeiden möge. Dieser ist ein breiter Ablauf des Wassers, der von einem platten Felsen, welcher ohngefähr einen halben Fuß hoch erhaben ist, herabschiesset.

Oberhalb des Bouissons ist der Fluß eine starke Viertelmeile breit; und der Boden auf beyden Seiten ist vortrefflich, und ziemlich mit Holze versehen. Das Erdreich, so an dem mitternächtigen Ufer lieget, ist tragbar gemacht: und es würde leicht seyn, einen großen Landweg von der Spitze, so Montreal gegen über liegt, bis an eine Krümme des Ufers, Galette genannt, zu machen. Man würde dadurch einer Schiffahrt von 40 Meilen überhoben seyn, welche die schnellen Ströme fast unwegsam und sehr langwierig machen. Ein Fort würde auch zu Galette besser und mit mehrern Nutzen angeleget werden können, als zu Catarocoui: aus Ursachen, weil kein Canot vorbey gehen kann, so nicht gesehen werden sollte. Anstatt daß man sich zu Catarocoui, ohne gesehen zu werden, hinter die Insel schleichen kann. Ueberdem ist das Erdreich der Gegend Galette sehr gut; und man könnte folglich Lebensmittel im Ueberfluß haben, und dadurch viele Kosten ersparen. Es könnte auch eine Barke bey gutem Winde innerhalb 2 Tagen von Galette nach Niagara gehen. Die Absicht, die man bey Errichtung des Forts Catarocoui gehabt, ist zwar die Handlung mit den Iroquoisen gewesen; diese Wilden würden aber eben so gerne nach Galette, als nach Catarocoui kommen. Der Weg würde zwar etwas weiter seyn; indessen könnten sie eine Ueberfahrt von

von 8 bis 9 Meilen ersparen, die sie über die See Ontario thun müssen. Endlich würde ein Fort zu Galette das ganze Land bedecken, welches zwischen den Flüssen Outawais and St. Lorenz lieget.

Noch ein anderer schneller Strom wird die Ceder genannt, weil sich an dem Orte viel Cedern befinden. Drittehalbe Meilen davon liegt ein anderer, welcher der Seevögel genannt wird. Von diesem bis an die St. Franciscus-See ist eine gute halbe Meile. Diese See ist 7 Meilen lang, und höchstens 3 Meilen breit. Das Erdreich ist auf beyden Seiten niedrig, es scheinet aber gut zu seyn. Der Weg von Montreal bis dahin gehet ein wenig nach Südwest, und die St. Franciscus-See laust West-Süd-West, und Ost-Nord-Ost. (Der Leser muß sich erinnern, daß das Wort See bey dem Namen St. Franciscus See, wie oben schon ein paarmal nur von einer großen Erweiterung des Flußes St. Lorenz zu verstehen ist.)

Gewisse Canäle, welche eine große Anzahl Inseln bilden, so den Fluß beynahe an dieser Seite bedecken, werden die Trauf-Rinnen (Ches naux) genannt. Es kann nicht leicht eine schönere Gegend, als diese gefunden werden; und das Erdreich scheinet auch sehr gut zu seyn. Der lange Wasserfall (Long Sault) ist ein schneller Strom ½ Meile lang, welchen die Canote nicht anders, als nur mit halber Ladung hinauf fahren können. Der platte Strom ist davon auf 7 Meilen entlegen. Daselbst trifft man schöne Holzungen an, worinn sonderlich Eichen von außerordentlicher Höhe befindlich sind. Die Galette liegt 1½ Meile davon.

Fünf bis 6 Meilen von Galette liegt eine Insel, Tonihata genannt: sie ist ohngefähr eine halbe Meile lang, und hat einen fruchtbaren Boden. Diese Insel hatte ein Iroquoise, der aus einer nicht bekannten Ursache Quacker hieß, von dem Grafen von Frontenac erhalten; Nachher aber gegen vier Tonnen Brandwein verkauft, jedoch mit Vorbehalt der Einkünfte auf seine Lebenszeit. Dieser hatte verschiedene Iroquoisische Familien an sich gezogen, und mit selbigen eine Wirthschaft angerichtet.

Von dieser Insel ist das Fort Catarocoui auf 13 Meilen entlegen; es ist 1672 erbauet worden. Anderthalbe Meilen vorher trifft man eine Art eines Archipelagus an, der zu den 1000 Insuln heisset. Das Fort selbst ist ein Viereck mit 4 Bastionen von Steinen aufgeführet, und enthält ¼ Meile im Umfange. Seine Lage ist in der That etwas angenehmes.

C

Die

※ ※ ※

Die Ufer des Flußes stellen aller Orten eine Veränderung allerhand Landausſichten vor. Eben alſo verhält es ſich mit dem Eingange in die See Ontario, ſo nur eine kleine Meile davon liegt: ſie iſt mit Inſeln von verſchiedener Größe beſäet; damit endiget ſich auch der Geſichts-Krais an dieſer Seite. Dieſe See hat lange Zeit den Namen St. Ludewig hernach aber ſo wohl, als das Fort Catarocoui, Frontenac geheiſſen; jedoch die See hat ihre alte Benennung unvermerkt wieder bekommen, die entweder Huroniſch oder Jroquoiſiſch iſt, und das Fort hat den Namen des Ortes erhalten, wo es aufgeführet iſt. Der Boden von Galette bis dahin ſcheinet unfruchtbar zu ſeyn: jedoch er iſt ſolches nur an der Gränzſcheidung, weiter hin aber iſt er ſehr gut. Gegen dem Fort über lieget eine angenehme Inſel, mitten im Fluß. Unterhalb liegen 2 andere, die noch kleiner, und ohngefähr ½ Meile von einander entfernet ſind. Die eine heiſſet die Cedern-die andere aber die Hirſch-Inſel. Die Bucht bey Catarocoui iſt gedoppelt, oder deutlicher zu reden, ſie hat faſt in ihrer Mitte eine Spitze, welche hervor ragt, und unter welcher ein ſicherer Ort für die groſſen Barken iſt. Hinter dem Fort iſt ein Moraſt, wo ſich das kleine Wild in groſſem Ueberfluß aufhält. Die Beſatzung machet ſich alſo manchen Zeitvertreib daſelbſt. Ehemals wurde ein ſtarker Handel mit den Jroquoiſen allhier getrieben, und dieſes geſchahe zu dem Ende, ſie den Engländern abſpänſtig zu machen: man hatte auch, ſie in Ordnung zu erhalten, das Fort aufgeführet. Doch der Handel hat nicht lange gedauret, und das Fort hat die Barbaren nicht abgehalten, den Franzoſen viel Ungelegenheiten zu machen. Anitzo halten ſich noch einige Familien auſſerhalb des Platzes auf, auch ſind einige von Mißiſagen, einer algonquinſchen Nation, die einen Flecken an dem Abendſeitigen Ufer der See Ontario haben: andere befinden ſich zu Niagara, und noch eine andere an der Meerenge.

Sechs Meilen von Catarocoui liegt die Ziegeninſel, die einen artigen Haven hat, worinn groſſe Barken ſicher ſeyn. Daſelbſt trifft man in dem Walde Weinreben an. Es ſind faſt ſo viel Weinſtöcke als Bäume, an deſſen Spitzen ſie ſich erheben. Man findet auch dergleichen aller Orten bis nach Mexico. Dieſe Weinſtöcke haben dickes Holz, und tragen groſſe Trauben: die Beeren aber übertreffen kaum die Größe einer Erbſe. Es kann auch nicht anders ſeyn, da dieſer Wein nicht beſchnitten, noch ordentlich gewartet wird. Wenn die Beeren
reif

reif sind, so ist es ein guter Bissen für die Bären, welche ihrenthalben auf die höchsten Bäume hinan klettern. Jedoch sie bekommen nichts anders, als was ihnen die Vögel übrig lassen; Denn diese erndten gar bald ganze Wälder davon ein.

Drey Meilen jenseit der Ziegeninsel lieget die Gollotoinsel 43 Grad und 33 Minuten. Von der Spitze der Gollotoinsel siehet man gegen Süden den Fluß Chouguen oder sonsten Onnontagna genannt, der 14 Meilen davon entfernet ist. Ehe man dahin gelanget, trift man die Krümme an, welche die Hungerkrümme genennt wird, weil der Generalgouverneur von Neu-Frankreich, Barre, seine sämmliche Mannschaft, als er die Jroquoisen angreifen wollte, durch Hunger und Krankheiten daselbst beynahe eingebüßet hätte. Diese Gegend hat eine ungesunde Luft, aber ungemein schöne Waldungen welche das ganze Ufer bedecken. Die weissen und rothen Eichen steigen bis in die Wolken. Man trift auch eine der größesten Bäume daselbst an, deren hartes Holz dem Ahornbaum gleichet: die Blätter sind von mittelmäßiger Größe, und haben 5 Ecken; innwendig sind sie von einer schönen grünen Farbe, aussehalb aber weißlicht. Man nennet sie auch Baumwollen-Bäume, weil in einer Nuß, die beynahe eben so dicke, als eine große Indianische Castanie ist, eine Art von Baumwolle verborgen liegt, welche jedoch zu nichts gebrauchet werden kann. Im May-Monat siehet man daselbst noch kein einzig Blatt auf den Bäumen, ohngeachtet die Hitze oftermals so groß als im Julius ist. Dieses rühret sonderzweifel daher, daß die Erde, welche einige Monate lang mit Schnee bedeckt gewesen, noch nicht hinlänglich erwärmet worden, die Dunstlöcher der Wurzeln zu öffnen, um den Saft durchzutreiben. Uebrigens verdienet so wenig der große als kleine Hunger (la grande & petite famine) den Namen eines Flußes: Beides sind nur Bäche, jedoch ziemlich fischreich. Man trift Adern von erstaunender Größe daselbst an. Nordwärts dieser Bäche liegt der Sandfluß unterm 43 Grad 12 Minuten.

Nunmehro nähert sich die Gegend, wo die Jroquoisen wohnen. (Die Jroquoisen sind alte Bundesgenossen der Engländer, einige davon aber fangen an, auf die Seite der Franzosen zu wanken. Ein Engländer läßt sich hierüber folgendergestalt heraus. Seit dem Aachner Frieden haben die Franzosen alle List, ja öfters auch Gewalt gebraucht, die Indianer in der Provinz Neu York (dann diese ganzeGegend nehmen sie zu Neu-York) sowohl,als auch alle übrige von America von unserer

Partey abwendig zu machen. Im Jahr 1754 thaten 200 Indianer, die von einigen verkleideten Canadiern begleitet waren, einen Einfall in Neu-York; Sie überfielen die Stadt Housak, welche verheeret und verbrennet wurde, Männer, Weiber, Kinder, wurden theils getödtet, theils als gefangen weggeschlept, wenige entkamen durch die Flucht. Die Franzosen selbst haben seit dem Aachner Frieden viele unserer Kaufleute in der Landschaft der 5 Nationen, d. i. der Iroquoisen aufheben, und ihre Haabseligkeiten einziehen lassen. Eben dieses haben sie mit den Kaufleuten gethan, die unter den Indianern in Pensilvanien Handel trieben. Um desto besser von dem bey dieser Gelegenheit erlittenen Verlust zu urtheilen, so ist genug, wenn man weis, daß eine solche Confiscation sich auf mehr als 18000 Pfund Sterlings belauft. Ueber dieses mußte man noch die Kaufleute ranzioniren. Im Jahr 1754 verleiteten sie die Hälfte der Onontagen, eine von den 5 Nationen, daß sie ihren gewöhnlichen Aufenthalt verließen, und mit einigen andern Nationen sich neue Wohnplätze zu Ooweegachte, einem an dem kleinen Fluß Cataracoui gelegenen Platz, aussuchten, wo sie ihnen eine Kirche und eine Schanze erbauet. Die Senekas, so die zahlreicheste unter den 5 Nationen sind, fangen an zu wanken, und scheinen sehr geneigt zu seyn, die Partey der Franzosen zu ergreifen. Kurz, unsere Vortheile nehmen unter den 5 Nationen von Tag zu Tage mehr ab. Es erschienen im gedachten Jahr bey der Zusammenkunft, so man zu Albani gehalten, nicht mehr als 150 Indianer, ohngeachtet man ihnen andeuten lassen, daß alle Gouvernements königlicher Cammissarien mit Geschenken so wohl von Seiten der Provinzen, als des Königs, dahin abschicken würden. Vor Zeiten kamen bey dergleichen Gelegenheit wenigstens 6, bis 700 Indianer zusammen. Alles, was man bey dieser Versammlung von ihnen erhalten konnte, bestand darinn, daß sie sich bey unsern Streitigkeiten mit Frankreich neutral verhalten wollten. Sie erklärten sich sogar einmüthiglich dahin, daß sie, anstatt gegen die Franzosen zu streiten, sich vielleicht gar genöthiget sehen würden, mit ihnen, so gut sie könnten, sich zu vergleichen, um zu verhindern, daß sie von dieser mächtigen Nation nicht völlig aufgerieben, und ihr Land verheeret würde. „Die Engländer, „sagten sie, werden sich vor sich selbst nicht schlagen, und was uns an-„langt, so sind wir nicht im Stande, unser Land, und noch darzu der „Engländer ihres, zu vertheidigen. Wenn wir sehen werden, daß sie „mit gutem Nachdruck ihre Sachen ausmachen, und daß unser Land,
„un-

„unsere Weiber und Kinder in Sicherheit seyn werden, währender Zeit „sie den Krieg fortsetzen, so werden wir den Gouverneur von Neu-York, „und die Commißarien mit Vergnügen wieder sehen, um unsere Unter„handlungen mit ihnen zu erneuern: denn es geschiehet gegen unsern „Willen, daß wir uns mit den Franzosen einlassen, nichts als die Noth„wendigkeit zwingt uns dazu.„ Wenn wir also nicht bald durch eine entscheidende That unser altes Ansehen nebst dem Vertrauen und der Freundschaft dieser braven und getreuen Leute, wieder aufs neue zu erlangen suchen, und wenn wir durch unser Wohlverhalten sie nicht wieder in unsere Partey, nicht weniger auch ihre Bundesgenossen und Vasallen ziehen werden, welche bis auf 17000 streitbare Männer aufbringen können: so werden wir nicht allein den Beystand der Indianer verlieren, sondern man wird so gar sehen, daß sie selbst gegen uns die Waffen ergreifen werden. Nach dem Beyspiel gesitteter und kluger Völker werden sie es nicht mit Schwächern halten, wenn der Stärkere im Begriff ist, auf sie loszugehen. Ueberhaupt steht es auch nicht einmal in dem Vermögen ihrer Sachems, (Oberhäupter) diejenigen Leute zurück zu halten, wenn alle ihre Nachbaren in Bewegung sind, und wenn das Echo ihnen nichts als Krieg vor die Ohren bringt, der ihre angenehmste und vergnügteste Beschäftigung ist. (Das Land bey dem Flusse Onnontage ist etwas niedrig, aber reichlich mit Holz versehen. Fast alle Flüße, die das Land der Iroquoisen bewässern, ergießen sich in diesen, dessen Quelle eine angenehme See ist, die Gannentaha heisset, an dessen Ufer Salzquellen gefunden werden. Zehn Meilen von dem Flusse Onnontage ist die Goyogouinsbucht. Die ganze Küste in diesem Raume, ist mit Morästen und hohen Erdreich abgewechselt, ein wenig sandig, mit schönen Bäumen und insbesondere mit Eichen besetzt, welche von Menschenhänden gesetzet zu seyn scheinen. In der Goyogouinsbucht raget eine mit Bäumen bewachsene Halbinsel mitten hervor, und gleichet einer Schaubühne. Wenn man in die Bucht linker Hand kommt, trift man eine Insel an, welche den Einlauf eines Flußes verbirget, worauf die Goyogouins in die See fahren.

Auf der Hälfte des Weges von dem Sandflusse bis an die Bucht der Tsonnonthouans trift man eine kleine Bucht an, welche Casconchiagon genannt wird, die auch sehr enge, und bey dem Einlaufe in die See nicht tief ist. Zwey Meilen von seiner Mündung wird man durch einen Wassersturz aufgehalten, welcher 60 Fuß hoch zu seyn scheinet;

✳ ✳ ✳

einen Flintenschuß unterhalb demselben trift man einen andern von gleicher Breite an, der aber kaum 2 Drittheil so hoch ist; und eine halbe Meile davon, den dritten, der auf 100 Schritte hoch ist. Nachher kommet man an verschiedene starke Ströme, und wenn man 50 Meilen fortgefahren, trift man den vierten Wassersturz an, der dem dritten nichts nachgiebt. Der Lauf dieses Flusses erstrecket sich auf 100 Meilen. Die Quelle des Ohio ist nur 10 Meilen von diesem Fluß entfernet. Der Ort, an welchem man daselbst anlanget, heißt Ganos; allwo eine Quelle befindlich ist, deren Wasser dem Oele gleichet, und einen Metallgeschmack hat. Nicht weit davon ist eine andere von gleicher Beschaffenheit; und die Wilden bedienen sich dieses Wassers, um allerhand schmerzhafte Zufälle zu lindern.

Die Tsonnonthouansbucht ist eine vortreffliche Gegend. Ein angenehmer Fluß schlinget sich zwischen zwo schönen Wiesen herunter, an dessen Ufer man auf beyden Seiten weit gehende Thäler erblickt; und alles dieses veranlasset die beste Aussicht von der Welt, welche durch einen Wald von lauter hochstämmigen Bäumen begränzet wird: das Erdreich scheinet inzwischen etwas sandig zu seyn.

Weil wir hier den See Ontario verlassen, so wollen wir hier nur mit zweyen Worten anmerken, daß die Engländer an dem Ufer desselben nahe an der Hungerkrümme auf Anrathen des Herrn Burnets, Statthalters von Neu-York, im Jahr 1727 das Fort Oswego angeleget haben.

Der Fluß Niagara wird von dem großen Wassersturze gebildet, wovon bald mit mehrern Erwähnung geschehen soll; oder es ist vielmehr der St. Lorenzfluß, der aus der See Erice kommt, und nach einer Weite von 14 Meilen in die See Ontario gehet. Von dem Wassersturze an wird er der Fluß Niagara genannt, und dieser Raum enthält 6 Meilen. Wenn man 3 Meilen darauf hingefahren ist, trift man linker Hand einige Cabanen der Iroquoisen, Tsonnonthouans und Mississagnes an. Es ist auch nachher ein Fort 1684, und ein anderes 1710 daselbst angeleget, und es hat eine Französische Colonie sich daselbst anzubauen angefangen.

Das Land Niagara an sich selbst ist wild, und fürchterlich anzusehen. An der einen Seite siehet man zwar an dem Fuße desselben, und gleichsam in der Tiefe eines Abgrundes, einen großen Fluß, der aber an dieser Seite, seiner Geschwindigkeit und Strudel halben, vielmehr

mehr einem reißenden Strome gleichet. Letztere entstehen durch die vielen Felsen, durch welche er sich mit vieler Mühe hindurch dringen muß. Auf der andern Seite ist die Aussicht durch drey gleichsam über einander gesetzte Berge gehemmet, davon sich der oberste in den Wolken verlieret. Das Auge mag sich also hinwenden, wo es hin will, so trift es aller Orten etwas an, so eine innerliche Furcht und Bangigkeit veranlasset. Man darf aber nicht allzuweit reisen, wenn man eine große Veränderung finden will. Denn hinter diesen wilden und unbewohnten Bergen wird man ein fettes Erdreich, prächtige Wälder, angenehme und fruchtbare Hügel gewahr: Man empfindet eine reine Luft und gemäßigte Witterung zwischen beyden Seen, davon die kleineste, nämlich die See Ontario, 250 Meilen, die See Eriee aber auf 300 Meilen im Umkraise hat.

Wenn man über gedachte 3 fürchterliche Berge hinüber gestiegen, kommt man an den berühmten Wasserfall Niagara. Dieser ist vielleicht die schönste Cascade, welche die Natur jemalen hervorgebracht. Wenn man sich auf dem Gipfel des dritten Berges befindet, so hat man noch 3 Meilen bis zu diesem Wassersturze. Weil man nirgends anders, als an dieser Seite, dahin gelangen, und selbigen nicht anders als von der Seite sehen kann; so ist wohl möglich, dessen Höhe zu messen. Dem Augenschein aber nach kann man diesen Wasserfall nicht höher als 140 bis 150 Fuß hoch schätzen. Seine Gestalt gleichet einem Hufeisen, und hat ohngefähr 400 Schritte im Umfange, gerade in der Mitte aber ist er durch eine sehr enge und ¼ viertel Meile halbe Insel in zwey Theile getheilet: doch vereinigen sich die getrennten Theile bald wieder. Der Fluß empfindet unterhalb dieses Falles lange Zeit die Erschütterung; und er ist nicht eher, als ohngefähr 3 Meilen davon, erst schiffbar. Der Fall würde auch noch heftiger seyn, wenn er nicht ausser vorgedachter Insel auch noch durch verschiedene hier und da liegende Klippen etwas gehemmet würde. Sein Abfall geschiehet auf einen Felsen: und weil sein Geräusch einem entfernten Donner gleichet, auch nichts, was herabgestürzet, wieder zum Vorschein gekommen, so hat man Ursach zu glauben, daß er vielleicht durch die Länge der Zeit eine etwas tiefe Höhle darein gemacht. Das Erdreich der Gegend dieses Wasserfalles, welche man Portage de Niagare nennet, scheinet 3 Meilen lang nicht sonderlich gut zu seyn; es ist auch nicht einmal holzig, und man kann nicht 10 Schritte gehen, ohne, insbesondere zu Sommerzeit, auf Ameisen-Haufen zu treten, und ohne Glocken-Schlangen ansichtig zu werden. (In den physicalischen Belustigungen im 4ten Stück, findet man eine ausführliche Nachricht von diesem berühmten Wasserfall, die von dem geschickten Herrn Kalm herrühret. Er versichert, daß er nach einer mathematischen Abmessung nicht höher als 137 Fuß hoch befunden worden. Hoch genug, um einen erschrecklichen Anblick zu erwecken, daß jedem Zuschauer die Haare zu Berge stehen.)

Sieben Meilen von dem Wasserfalle Niagara kommt man an die See Eriee. Diese See ist 100 Meilen lang, von Osten bis Westen gerechnet; Von Norden bis Süden aber ohngefähr 30 Meilen breit. Der Name, den sie führet, ist der Name einer Nation, von der Huronischen Sprache, die sich an dem mittägigen Ufer niedergelassen, nunmehro aber von den Iroquoisen gänzlich ausgerottet sind. Eriee heisset eine Katze; daher dieses Volk in einigen Erzählungen das Katzenvolk genennet wird. Allem Vermuthen nach kommt diese Benennung von der Menge dieser Thiere her, die sich häufig daselbst antreffen lassen. Sie sind weit grösser als die unsrige, und ihre Felle werden sehr gesuchet. Einige neue, insbesondere französische Landkarten, haben diese See auch Conti genant; jedoch dieser Name hat so wenig, als der Condée, Thracy und Orleans, welche der Hurons- und Ober-See, ingleichen der See Michigan beygeleget werden wollen, sonderliches Glück gemachet. Eine lange Erdzunge gehet an dem Nördlichen Ufer in die See hinein, welche auch die lange Spitze genannt wird; diese ist sehr sandigt, und hat von Natur viel Weinreben. Die Gegend um diese See ist hin und wieder vortrefflich. Sie selbst ist sehr fischreich, und die Wälder voller Wild; insbesondere halten sich gegen Süden ungemein viel wilde Ochsen auf. Eine andere Erdzunge, welche 3 Meilen Nord- und und Südwärts gehet, wird die glatte Spitze (la pointe pelée) genannt. Sie ist aber gegen Westen voller Holzung, gegen Osten hingegen trift man nichts als kleine rothe Cedern auf einem sandigten Boden an. Es halten sich auch viele Bären da auf, daß manchmal in einem Winter auf 400 Stück allein auf dieser Landspitze erleget worden. Gegen Süden liegen 2 kleine Inseln, die man die Glockenschlangen-Inseln nennet, weil man dieses Ungeziefer in solcher Anzahl darauf antreffen will, daß die Luft auch so gar davon angesteckt seyn soll. Die See-Enge, welche aus dem See Eriee in den Huronsee führet, ist 32 Meilen lang. Oberhalb der Insel St. Clara, die ohngefähr 5 bis 6 Meilen weit ablieget, erweitert sich die Enge, und bildet eine See, welche mit der Insel gleichen Namen führet. Sie ist ohngefähr 6 Meilen lang, und an manchen Orten eben so breit. Man will behaupten, daß diese die schönste Gegend in Canada sey. Dem Anschein nach hat auch die Natur nichts zurück gelassen, wodurch ein Land reizend werden kann. Hügel, Wiesen, Felder, Holzung, Bäche, Brunnen, Flüsse, alles dieses ist von solcher Güte und von einer so vortheilhaften Anlage, daß man fast keine andere Einrichtung wünschen kann. Indessen sind die Felder nicht für alle Arten des Getraides gut, die mehresten aber sind von ungemeiner Fruchtbarkeit, so gar, daß einige 18 Jahre hinter einander ohne Dünger Früchte getragen haben. Jedes Land ist aber doch wozu gut. Die Inseln scheinen, als ob sie durch die Kunst angeleget wären, und die Augen ergötzen sollten. Der Fluß und die See sind fischreich, die Luft ist rein, und die Himmelsgegend gemäßiget und ungemein gesund.

Linker Hand, 1 Meile unterhalb der Insel St. Clara, lieget das Fort, welches 1684 erbauet worden, und Ponrchartrain heißet. An eben derselben Seite trifft man, ehe man dasselbe erreichet, 2 ziemlich zahlreiche Dörfer an, und die nahe bey einander liegen. Das erstere wird von Hurons Tionnonlaßet bewohnet, welches eben dieselben sind, die, nachdem sie lange Zeit von einer Küste zur andern herum geirret, sich anfänglich an den Wasserfall St. Maria, der zwischen dem Huron und Obern-See liegt, nachher aber zu Michillimakinac niedergelassen. Das andere wird hingegen von Putewaramis bewohnet. Rechter Hand, etwas höher ist das 3te der Utawais, welche der Hurons unzertrennliche Gefährten sind, seitdem beyde Völkerschaften von Iroquoisen gezwungen worden, ihr Land zu verlassen.

Der Weg von dem Fort der See-Enge bis an das Ende der Ueberfahrt der See St. Clara bis an die Hurons-See ist Ost-Nord-Ost; nachher wendet man sich 4 Meilen von Osten nach Süden, woselbst man rechter Hand ein Dorf der Mißisager antrifft, so auf einem fruchtbaren Boden und an dem Anfange schöner Wiesen, überhaupt in der angenehmsten Gegend, lieget, die man nur antreffen kann. Von da bis an die Hurons-See zählet man 12 Meilen, und das Land ist aller Orten reizend. Es ist ein prächtiger Canal, gleichsam nach der Schnur gezogen, dessen Ufer mit lauter hochstämmigen Bäumen besetzet, und durch schöne Wiesen unterschieden ist. Auf dem Canal selbst

ſelbſt trifft man verſchiedene Inſeln an, wovon einige ziemlich groß ſind. Man richtet ſich beſtändig gegen Nord-Nord-Oſten; und wenn man an die Hurons-See gelanget, ſo gehet der Lauf 12 Meilen lang nach Norden. (Zwiſchen den Seen Huron und Ontario iſt der kleine See Tanonto oder Taronto, von dem das Fort, das die Franzoſen am nordöſtlichen Ufer des Ontario-Sees erbauet haben, den Namen hat.)

In der Hurons-See iſt die Bucht Saguinam. Dieſe hält in ihrer Eröffnung 5 bis 6 Meilen, und 30 Meilen in der Tiefe. Die Urawais haben am Ende dieſer Bucht ein Dorf, ſo eine ſehr gute Lage hat. Von da bis nach Michillinakinac trifft man weiter nichts angenehmes an; es ſind keine Weinſtöcke mehr, ſondern nur eine ſchlechte Holzung zu ſehen; und ſehr wenig von der Jagd anzutreffen. Zehen Meilen oberhalb dieſer Bucht ſind 2 ziemlich große Flüſſe, ſo 1 Meile von einander liegen, und 4 bis 5 Meilen länger als die Donnerkrümme, welche in ihrer Oeffnung 3 Meilen hält, und gar nicht tief iſt. Michillimakinac liegt 35 Gr. 30 Minuten Norder Breite; und der Weg beläuft ſich auf 100 Meilen von dem Ausgange der See-Enge, wenn man an dem Abendſeitigen Ufer der Hurons-See bis nach Norden hinfähret. Das Dorf iſt mittelmäßig; und nachdem ſich die mehreſten Einwohner nach den Bieber-Inſeln hinbegeben, iſt nichts beſonders, als das Fort, welches 1673 erbauet worden, und das Haus der Miſſionarien daſelbſt weiter zu ſehen. Die Lage von Michillimakinac iſt der Handlung ſehr vortheilhaft. Dieſer Poſten lieget zwiſchen 3 großen Seen; nämlich der See Michigan, welche 300 Meilen im Umfange hält, der großen Bucht, ſo ſich darein ergießet nicht zu gedenken; ferner zwiſchen der Hurons-See, die 350 Meilen im Umfange hält, und die Form eines Dreyeckes hat; und endlich zwiſchen der Ober-See, welche 500 Meilen hält. Alle 3 können durch große Barken befahren werden, die beyden erſtern ſind nur von einer kleinen Enge getrennet, welche ebenfalls für dergleichen Fahrzeuge Waſſer genung halten, welche auch von da bis in die See Eriee und bis nach Niagara gelangen können. Es iſt zwar zwiſchen der Ober-See und der Hurons-See keine andere Gemeinſchaft, als ein etliche 20 Meilen langer Canal, der durch die Ströme ſehr unſicher gemacht wird; Dieſe Ströme hingegen ſind den Canoten nicht hinderlich, zu Michillimakinac

einac alles auszuladen, was von der Ober-See hergebracht werden kann.

Die Ober-See (lac superior) ist von Osten bis Westen 200 Meilen lang; und an manchen Orten von Norden bis Süden 24 Meilen breit. Nach Hrn. Bellins Karte von Canada ist die Länge 150 und die Breite ohngefähr 80 Meilen. Die ganze mittägige Küste ist sandigt und ziemlich gerade. Es würde gefährlich seyn, vom Nordwinde auf dieser See überfallen zu werden. Das mitternächtige Ufer ist weit bequemer zu bereisen, weil es aller Orten mit Felsen eingeschlossen, welche kleine Häven bilden, darein man sicher einlaufen kann; und nichts ist nothwendiger, wenn man auf dieser See mit Canoten fähret, indem die Seeleute ein besonderes Himmelszeichen auf demselben angemerket haben. Denn wenn ein Sturm entstehen will, sagen sie, so wird man 2 Tage zuvor davon benachrichtiget. Man vermerket anfänglich eine kleine Erschütterung der Oberfläche des Wassers; und dieses währet den ganzen Tag, ohne daß es auf eine sonderliche merkliche Art steigen sollte: Den andern Tag ist die See mit dicken Wellen bedeckt, die aber den ganzen Tag nicht brechen; dergestalt, daß man ohne Furcht darauf fortschiffen kann: Am 3ten Tage aber, wenn man es am wenigsten gedenket, so wird die See ganz feurig: Das Weltmeer kann in seiner heftigsten Bewegung nicht stürmischer seyn; und wenn man nicht in demselben Augenblicke eine Freystätte antrifft, so ist man verlohren. Dieses kann man auch an der Nordseite antreffen, da man sich an der Südseite schon des andern Tages weit von dem Ufer entfernet halten muß.

Alles, was sich hier vom Erdreiche den Augen zeiget, giebt eben keinen Begriff eines guten Landes; man darf aber nicht allzu weit gehen, wenn man einen Boden antreffen will, der zu allem zu gebrauchen ist. Eben dieses lässet sich auch von den Bieber-Inseln sagen, welche man gleich linker Hand, wenn man in die Michigan-See kommt, liegen lässet. Die Utawais, so sich dahin gewandt säen Mays: und diese gute Gewohnheit haben sie von den Hurons erlernet, mit welchen sie sich lange Zeit in dieser Gegend aufhalten. Die Amikoues hatten ehemals ihren Aufenthalt auf diesen Inseln: Diese Völkerschaft ist anitzo bis auf eine einzige Familie geschmolzen, die sich nach der Insel Monicoualin nach Norden der Hurons-See gewendet; sie ist indessen eine der edelsten in Canada, nämlich nach der

※ ※ ※

Meynung der Wilden, welche sie von dem großen Biber ableiten, der nach dem Michabou oder dem großen Hasen ihre vornehmste Gottheit ist, und wornach sie auch den Namen führen. Dieser soll auch die See Nipißnig gemacht haben; und alle schnelle Ströme, welche man in dem großen Flusse der Utawais, der daraus entspringet, antrifft, sind Ueberbleibsel eines Dammes, den er zu Erreichung seines Vorhabens aufgeworfen. Man setzet hinzu, daß er an eben dem Orte gestorben sey, und auf einem Berge begraben liege, den man an dem mitternächtigen Ufer der See Nipißnig antrifft. Dieser Berg stellet auf einer gewissen Seite die Gestalt eines Bibers vor; und dieses hat allem Ansehen nach Gelegenheit zu allen diesen Fabeln gegeben. Die Wilden hingegen behaupten, daß der große Biber diesen Berg, nachdem er ihn zu seinem Begräbniß ausersehen, also gebildet. Sie werden auch niemalen dieses Ortes vorüber gehen, ohne demselben einen Schmauch von ihren Tobak zu opfern.

Man fährt auf 30 Meilen an der Küste einer Erdzunge, welche die See Michigan von der Ober-See trennet. Diese Erdzunge ist an manchen Orten nur einige Meilen breit, und eines der schlechtesten Lande, die man nur finden kann; sie wird aber durch einen angenehmen Fluß begränzet, der Manistir heißet, und sehr fischreich, sonderlich an Stöhren ist. Etwas weiter hin, nach Südwesten, kommt man in eine große Bucht, deren Eingang mit Inseln besetzet ist; welcher der Meerbusen oder die Bucht der Noquets heißet. Dieses ist ein kleines Volk, so von den Ufern der Ober-See gekommen ist, und wovon blos einige hin und wieder zerstreuete Familien noch übrig sind, die nirgends eine bleibende Stätte haben.

Die Noquetsbucht wird von der großen Bucht durch die Insel der Poutewatamis abgesondert, von welchen bereits gemeldet, daß sie die alten Wohnungen dieser Wilden gewesen. Die mehresten Inseln sind mit Holze versehen: die einzige aber, die noch bewohnt wird, ist weder die größeste, noch die beste; es stehet auch nur ein kleines Dorf auf selbiger.

Fünf bis 6 Meilen von dieser Insel trifft man eine andere kleinere an, welche nicht weit von dem abendseitigen Ufer der Bucht lieget, und die den Eingang eines Flusses verbirget, an welchem das Dorf der Malhomines liegt, welche die Franzosen Wildhafer (folles avoines) um deshalb nennen, weil sie ihre gewöhnliche Nahrung von

diesem

diesem Gewächse haben. Die ganze Nation bestehet aus dieser Dorfschaft, welche noch dazu nicht einmal volkreich ist. Es ist zu bedauren, daß sie nicht in stärkerer Anzahl vorhanden sind; denn es sind die ansehnlichsten Leute unter allen Canadern und weit größer als die Putewatims. Sie haben eine besondere Sprache unter sich, die sie niemand lehren. Man hat auch eine gewisse Erzählung von einer Schlange, welche sich alle Jahre in ihrem Dorfe einfindet, und mit großen Ceremonien empfangen wird.

Etwas unterhalb dieser Insel ändert das Land auf einmal den Anblick; und so wild es bisher gewesen, so angenehm fället es nunmehro in die Augen. Indessen ob es gleich mit schönen Bäumen bewachsen ist, so ist es doch sandig, und nicht sonderlich fruchtbar. Die Orchagras, insgemein Puans genannt, wohneten ehedem an den Ufern der großen Bucht in einer angenehmen Gegend; daselbst wurden sie von Illinoisen angegriffen, welche einen großen Theil davon todt schlugen; die übrig gebliebenen aber flüchteten nach dem Flusse der Oulagamis, welcher sich mitten in der Bucht ergießet. Daselbst ließen sie sich an dem Ufer einer Art von einer See nieder: und da sie blos von Fischen lebten, welche ihnen die See in großem Ueberfluß mittheilete; so haben sie vielleicht daher den Namen Puans, Stinkende bekommen; indem das ganze Ufer, wo die Cabanen stunden, voller verfaulter Fische lag, sogar daß auch die Luft davon verunreiniget wurde. Es scheinet wenigstens, daß sie die andern Wilden, noch vor Ankunft der Franzosen also genennet: und da sie sich niemalen weit von der großen Bucht entfernet, so ist diese auch mit ihrem Namen beleget worden. Einige Zeit nachher, da sie ihren alten Posten verlassen, suchten sie sich an den Illinoisen wegen des erlittenen Verlustes zu rächen. Dieses Unternehmen aber mißlung ihnen dergestalt, daß sie dadurch noch weit mehr geschwächet wurden, und sich auch nachher nicht wieder erholen können. Denn 600 von ihrer besten Manuschaft hatten sich in Canoe begeben, um ihren Feind aufzusuchen: als sie aber über die See Michigan fahren wollten, mußten sie durch einen unvermuthet entstandenen heftigen Sturm insgesammt ersaufen.

Die große Bucht, welche auch, wie gemeldet, die Puanebucht heißet, liegt an Michillimakinac auf 80 Meilen entfernt; und macht einen Theil der See Michigan aus. An dieser großen Bucht haben

die

die Franzosen ein Fort, welches an dem abendseitigen Ufer des Flusses der Outagamis, eine halbe Meile von seiner Mündung, aufgerichtet ist. Dieses ist erst seit dem Utrechter Frieden geschehen. Ehe man dahin gelanget, lässet man rechter Hand ein Dorf der Sakis liegen. Die Orchagras haben sich seit einiger Zeit bey den Franzosen niedergelassen, und ihre Cabanen rund um das Fort herum gebauet. Beydes ist eine gute Art von Leuten, insbesondere die erstern; den einzigen Fehler ausgenommen, daß sie allzu gerne zu stehlen pflegen. Ihre Sprache ist von allen andern unterschieden. Daher die Vermuthung entstehet, daß sie zu keinem Hauptvolke in Canada zu rechnen. Sie haben auch mehr mit den abendseitigen Völkerschaften als mit denen bekannten in Canada, Umgang gehabt.

Die Sakis, ohnerachtet sie in geringer Anzahl vorhanden sind, haben sich dennoch in 2 Parteyen vertheilet, davon sich die eine zu den Outogamis, die andere hingegen zu den Poutewatamis hält. Diejenigen, die sich um das Fort niedergelaßen, sind mehrentheils von der letztern Partey, und folglich den Franzosen zugethan. Es ist auch eine Mission daselbst vorhanden.

Diejenige Nation, welche seit dem Anfange dieses Jahrhunderts in diesen Abendländern am meisten bekannt geworden, ist die Völkerschaft der Outogamis. Die Wildheit dieses Volks, welche noch dazu durch verschiedentliches zur Unzeit geschehenes übles Verhalten gegen sie, noch mehr vergrößert worden, ingleichen der Umgang mit den Jroquoisen, haben sie ungemein furchtbar gemacht. Nachher haben sie sich mit den Sioux sehr genau verbunden, welche ein zahlreiches Volk ausmachen, das beynahe eben so kriegerisch ist. Und diese Vereinbarung machet den Franzosen die Fahrt der Höhe des Mißisipi fast unmöglich. Eben dadurch wird auch die Sicherheit auf dem Illinoisen-Flusse gehemmet, wodurch ihrer Handlung kein geringer Abbruch geschiehet. So viel die gegen Westen und Norden befindlichen Völkerschaften anlanget; so ist leichtlich zu glauben, daß noch verschiedene in dasigen Gegenden vorhanden seyn können, die theils gar nicht, theils sehr wenig bekannt geworden; und wovon man mit der Zeit sowohl, als von einigen Gegenden, nähere Nachricht zu erhalten, vermuthend seyn kann.

Von der großen Bucht bis an den St. Josephs-Fluß, der sich in die See Michigan ergießet, rechnet man ohngefähr 100 Meilen.

An

* * *

An diesem Flusse ist eine Mißion und ein Commendanten-Haus, welches das Fort genennet wird, (diese Mißion ist vor dem Utrechter Frieden, das Fort aber nach demselben aufgerichtet worden) weil es mit einer schlechten Umpfählung umgeben ist; wie sich solches bey den mehresten Forts nicht anders verhält, bey Chambly, St. Friedrich und Catarocoui ausgenommen, als welche wirkliche Vestungs-Werke sind. Indessen befinden sich in allen einige metallene oder steinerne Stücke, welche hinlänglich sind, den ersten Anlauf zurück zu halten. Die Franzosen haben auch daselbst 2 Dörfer, davon das eine von Miamis, und das andere von Ponteontamis bewohnet wird. Der St. Josephsfluß kommt von Süd-Ost, und ergießet sich in die See Michigan, deren sämmtliche Morgenseitige Küste man befahren muß, die 100 Meilen lang ist, ehe man in den Fluß gelanget. Nachgehends fähret man 20 Meilen hinauf nach dem Fort zu. Bey dieser Fahrt ist viel Behutsamkeit nöthig: denn wenn der Wind von der Breite oder von Westen kommt, so sind Wellen so lang als die See; und diese Winde sind sehr gewöhnlich daselbst. Es hat auch das Ansehen, daß eine Menge Flüsse, welche sich von der Morgenseite in die See ergießen, mit ihrem Schusse nicht wenig betragen, die Wellen zu vergrößern, und die Fahrt noch gefährlicher zu machen. Es giebt auch wenig Oerter in Canada, wo die Schiffe und Fahrzeuge eher Schaden nehmen als hier.

Unter allen an der Küste der See Michigan, der großen Bucht gegen über liegenden Flüssen, ist noch mit wenigen des Flusses Marquette zu gedenken. Dieser gleichet anfänglich einem Bache; sunfzehen Schritte aber weiter hinauf kommt man in eine See, welche auf 2 Meilen im Umfange hat. Damit dieser Fluß in die See Michigan gelangen können, so sollte man glauben, daß man mit der Hacke ein Stück Felsen abgehauen, so man der Einfahrt linker Hand liegen lässet, und auf der rechten Seite ist die Küste ohngefähr eines Büchsenschusses weit sehr niedrig; nacher aber erhebt sie sich auf einmal sehr hoch. Der P. Joseph Marquette, aus Laon in der Picardie gebürdig, war einer der berühmtesten Mißionarien in Neu Frankreich. Er hat fast die ganze Gegend durchreiset, und verschiedene Entdeckungen gemacht, wovon die letztere die Entdeckung des Mißisippi war, welchen Fluß er mit Joliet 1673 befuhr. Zwey Jahre nachher, und als er von Chicagon, so mitten am Ufer der See Michagan lieget,

lieget, nach Michillimakinac gieng, kam er den 18ten May 1675 in den
Fluß, wovon hier die Rede ist, und deſſen Mündung der Zeit an dem
äußerſten Ende des niedrigen Erdreichs iſt, ſo man gemeldeter maaßen
bey der Einfahrt rechter Hand liegen läſſet: daſelbſt richtete er einen
Altar auf. Nachher gieng er ein wenig auf die Seite, Gott ſeine
Dankſagung abzuſtatten; und bat die beyden Führer ſeines Canots,
ihn eine halbe Stunde allein zu laſſen. Als nun dieſe Zeit verſtrichen
war, und er nicht wieder kam; ſo giengen ſie ihm nach, erſchraken
aber ſehr, da ſie ihn todt fanden: dabey erinnerten ſie ſich der Worte,
die er bey der Einfahrt in dieſen Fluß geſprochen: daß er nämlich ſeine
Reiſe daſelbſt endigen werde. Weil aber Michillimakinac allzu weit
davon entfernet lag; ſo wurde ſein Leichnam nahe am Ufer des Fluſ
ſes eingeſcharret. Das Jahr darauf iſt einer von denen, die ihn begraben, zurückgekehret, und hat ſeine übrigen Gebeine nach Michillimakinac gebracht. Die Einwohner nennen dieſen Fluß anitzo den
Fluß des ſchwarzen Rocks; die Franzoſen aber den Fluß Marquette,
und verabſäumen nicht, wenn ſie ſich auf der See Michigan in Gefahr befinden, dieſen Vater um Hülfe anzurufen.

Der St. Joſephsfluß erſtrecket ſeinen Lauf auf 100 Meilen,
und ſeine Quelle iſt nicht weit von der See Eriee entfernet. Er iſt
auf 24 Meilen weit ſchiffbar. Auf beyden Seiten des Ufers ſiehet
man ſchöne, mit erſtaunend hohen Bäumen beſetzte Gegenden. Die
ſer Fluß iſt ungemein bequem zur Handlung aller Theile von Canada;
daher auch nicht zu verwundern, daß er von den Wilden ſo häufig
beſuchet wird. Die Maſcoutins hatten vor nicht gar zu langer Zeit
eine Niederlaſſung an demſelben errichtet; ſie haben ſich aber nachher
wieder nach ihrem Lande, welches weit beſſer ſeyn ſoll, und zwiſchen
der See Michigan und dem Miſiſippi liegt, gewendet. Die Pouteauatamis haben allmählig verſchiedene Poſten eingenommen, und
halten ſich auch noch itzo daſelbſt auf. Ihr Dorf liegt an eben der
Seite, wo das Fort ſtehet, und etwas höher, und auf einer ſchönen
Ebene. Das Dorf der Miamis aber liegt auf der andern Seite des
Fluſſes. Die Felder, welche das Fort umgeben, ſind voller Saſſafras,
daß auch die Luft davon einen balſamiſchen Geruch bekommt. Es iſt
aber allhier nicht ein einiger großer Baum anzutreffen, wie in Carolina, ſondern ein bloßer Strauch, der faſt auf der Erden fortkriechet.

Die

Die Wilden dieser Gegend sind von Natur Räuber; und sehen alles, was sie erhaschen können, als gute Prisen an. Es ist zwar an dem, wenn man seinen Verlust zeitig merkt, so hat man selbigen nur dem Oberhaupte anzuzeigen, und kann man versichert seyn, das Verlohrne bald wieder zu erlangen: Das Oberhaupt muß jedoch eine Verehrung bekommen, welche den Werth der verlohrnen Sache übertrifft; überdem verlanget er auch annoch einige Kleinigkeiten für den, der sie ausfindig machet, und der, allem Vermuthen nach, der Dieb selbst ist. Diese Wilden würden auch ehender den beschwerlichsten Krieg aushalten, als von diesem Laster ablassen. (Es scheinet, der P. Charlevoix spreche von dieser Nation deswegen nicht zum Besten, weil sie nicht gar gut französisch ist. Sie haben das Bündniß mit den Engländern jederzeit treulich beobachtet. Sie werden von den Engländern Twigtwees genannt.)

Aus allem, so bisher angeführet worden, erhellet, daß jedermann seinen nöthigen Lebens-Unterhalt finden kann. Man entrichtet wenig Abgaben; der Einwohner kennet keine Steuren; das Brod ist wohlfeil; Fleisch- und Fischwerk ist nicht theuer: Die Weine und Stoffe, und alles, was aus Frankreich kommt, kostet hingegen sehr viel. Die Edelleute und Officiers, die nichts als ihre Löhnung und dabey starke Familie haben, sind am meisten zu beklagen. Die Weiber bringen den Männern insgemein nichts weiter, als guten Verstand, Freundschaft, Annehmlichkeit, und eine große Fruchtbarkeit zum Heyrathsgute mit. In Neu-Frankreich ist ein weit stärkerer Adel, als in allen andern Pflanzstädten zusammen. Der König unterhält annoch 28 bis 30 Compagnien See-Soldaten, und 3 Land-Majors. Viele Geschlechter sind geadelt. Die Edelleute aber würden noch weit schlechter gesetzet seyn, wenn ihnen die Handlung nicht erlaubet wäre, und die Jagd und Fischerey nicht offen stünde.

Von den Inseln um America.

Es liegen überaus viel Inseln um America herum, und zwar meistentheils auf dem Mar del Nort, und etliche wenige auf dem Mar del Zur. Insgemein werden selbige in die Antillischen, Bermudischen, Candischen und Azorischen abgetheilet. Hier werden wir nur

nur von denen, welche in dem itzigen Kriege zwischen England und Frankreich zum Vorwurf kommen.

Von der Insel Hispaniola oder St. Domingo.

Diese liegt neben Jamaica zur Rechten, und ist 90 Meilen lang und 30 Meilen breit. Domingo wird sie von der Haupt-Stadt gleiches Namens genennet; Hispaniola hat sie Christoph Columbus genennet, als er sie 1492 entdecket hat. Der Erdboden ist überaus fruchtbar. Man hat Getraide, Zucker, Ingber, Cassia, Mastir, Aloe, Conchenille und Baumwolle genug. Die Viehzucht ist nicht zu verachten, und die Bergwerke liefern Gold. Die Europäischen Thiere und Bäume kommen ganz gut daselbst fort. Es wachsen nunmehr Feigen, Citronen, Pomeranzen und Oliven in großer Menge daselbst. An Fischen ist kein Mangel, und im Lande ist ein gutes Salzwerk. Coucouson sind eine Art hellglänzender Mücken, welche wie unsere Johannis-Würmchen leuchten. Die Einwohner pressen daraus einen Saft, und schmieren hernach ihre Angesichter damit, damit sie bey der Nacht fein helle glänzen möchten.

Anfänglich spielten die Spanier den Meister auf dieser Insel, nachdem sie mehr als 100000 Indianer jämmerlich umgebracht hatten. Es ist auch allhier das älteste Gouvernement der Spanier in America. Nach der Hand haben auch die Franzosen den Weg dahin gefunden. Seit 1666 hat die westindische Compagnie zu Paris ebenfalls einen Gouverneur dahin gesetzt, daß also itzo die Spanier gegen Morgen, die Franzosen aber gegen Abend die Oberherrschaft haben.

Die ganze Insel wird in V Landschaften abgetheilet. Auf unserer Karte sind sie nicht angemerkt, wir wollen aber die Namen hersetzen: 1) Bainora. 2) Caiabo. 3) Casimu. 4) Cubaho. 5) Guacayarima.

Den Franzosen sind folgende Oerter zuständig, davon keiner auf unserer Karte stehet:

1) *le grand Gouave*, ein guter Flecken mit einer besten Burg.
2) *le petit Gouave*, eine neue Colonie mit einem Hafen.
3) *la grande* & 4) *la petite Auce*, 2 Colonien.
5) *Cap*

5) *Cap de Niepe*, ein berühmtes Vorgebirge.

Den Spaniern gehöret:
1) *St. Jago de los Cavalleros*, eine Stadt am Flusse *Jabia*, der Goldsand hat. Die Einwohner sind gute Jäger.
2) *la Conception de la Vega*, eine gute Stadt unter St. Jago, allwo ein Bischof seinen Sitz hat.
3) *St. Domingo*, Lat. Domicopolis, eine große, reiche, veste und wohlbewohnte Stadt mit einem Hafen unter la Conception am Meere, allwo der Gouverneur und ein Erzbischof seinen Sitz hat. Hier ist die älteste Spanische Regierung in America, welche eine große Gewalt hat. Es ist auch eine hohe Schule, ein Hospital und eine Münze daselbst. Das Fort St. Jerome beschützt den Hafen. Das Erdbeben hat dieser guten Stadt 1727 großen Schaden gethan, dergleichen auf dieser Insel öfters gespüret worden.
4) Natividad, ein gutes Fort.
5) Isabella, eine feine Stadt.
6) Xoano, ein mäßiger Ort.

Von den Carabischen Inseln.

Den Franzosen, und zwar der westindischen Compagnie zu Paris gehören:
I. Die Insel Granada, neben Blanka zur Rechten. Hier wächst schönes Zuckerrohr.
II. Die Insel St. Lucie oder Alouissa, Lat. Insula St. Luciae, gleich über Granda. Man holet daselbst ab Zucker, Tobak und Indigo.
III. Die Insel Guadeloupe, Lat. Insula Guadelopia.

Guadaloupe stellet in der That zwey Eyland vor, die durch einen kleinen Arm von der See in zween Theile getheilet sind. Der eine, so gegen Europa liegt, heißt Grande terre, das große Land, weil er größer seyn soll, als der andere Theil. Der andere Theil heißt eigentlich Guadaloupe. Dieser Theil wird wieder in Cabesterre und Basseterre, oder in das obere und niedere Land eingetheilet, das große Land ist, wo es am längsten 14 Meilen lang und 5 Meilen breit; der andere

✻ ✻ ✻

dere Theil, so eigentlich Guadaloupe heißt, ist 12 und eine halbe Meile lang und eine halbe Meile breit; auf diesen ist zu merken:

Der Hauptort Basseterre und dessen Kirchspiel, hat einen guten Hafen, und wird von einem Fort vertheidiget, welches auf einem erhabenern Boden als die Stadt liegt, und wird von Süd-Ost von dem Gallionen-Flusse begränzt, welcher an dem Fuß einer Reihe sehr hoher und steiler Felsen hinfließt, worauf die Mauern des Forts stehen. Die Stadt wird auf ungleiche Art in zwey Drittheile ihrer Länge durch den Graßfluß zerschnitten, das größte Stück, welches zwischen diesem Flusse und dem Fort ist, behält den Namen Basseterre, und dasjenige, was von dem Graßflusse bis an den Bach Billau ist, heißt der Flecken St. Franciscus, weil die Capuciner daselbst ihre Kirche und Kloster haben. Die beyden Viertel werden von 5 bis 6 Gassen durchschnitten, und enthalten 4 Kirchen, die Jesuiter-Kirche ist schön, inwendig mit Quadersteinen nebst einem Karniese gezieret, Altar und Canzel sind reich vergoldet und von Cedern-Holz. Labat hat zu seiner Zeit ungefähr 260 Häuser gezählet, die meist von Holz, aber sauber gebauet sind. Das nächste Viertel an Basseterre ist das Kirchspiel und der Flecken Baillif, alsdenn folgt der alten Einwohner Kirchspiel. Der Grund der alten Einwohner hat seinen Namen von den ersten Leuten, welche die Insel bevölkerten, und sich in dieses Gebiete begaben.

Das Kirchspiel Bouillante oder Goyave; die Dominicaner haben in diesem Kirchspiele eine Kirche, so die Goyaven-Kirche heißt, und der Pfarrer daselbst eine Wohnung, die Labat als eine der angenehmsten von der Welt beschreibet.

Denn folgt das Kirchspiel der schwarzen Spitze; diese Bezirke sind auch sattsam bevölkert, und man trifft die schönsten Wohnplätze an.

Das Kirchspiel Ferry.

Der andere Haupttheil von Guadaloupe, Cabesterre (oder das obere Land) darinnen treffen wir an

Das Kirchspiel des großen Sacks, welches an der Spitze des alten Forts an das Ferry-Kirchspiel gränzet, darinn ist der große Goyaven-Fluß, dieses ganze Viertel ist eines der schönsten und größten Kirchspiele auf der ganzen Insel.

Die

Die Jagden sind überall reichlich, man findet daselbst eine Menge von Ebern, welche man auf den Französischen Inseln Maronenschweine nennet; von Papagayen, Holztauben, Turteltauben, Grasvögeln, Ortolanen, See- und Fluß-Vögeln wimmelt es daselbst. Die kleinen Inselchen in der großen Bucht dienen einer Menge Schildkröten und Lamantinen zur Zuflucht. Dieser Fisch ist unter allen Meerwundern am besten zu essen. Von dem Marquisat Horelburg, so in dem großen gesalzenen Fluß lieget und sonst St. Germain hieß, kommt man an den kleinen Sack, wovon das kleine Flecken-Kirchspiel den Namen haben mag. In diesem Kirchspiel liegt das Land Arnonville, 2000 Schritt breit, und 6000 tief ins Land hinein. Es wird das Kirchspiel des kleinen Sacks genannt. Darneben liegt das kleine Goyaven-Kirchspiel, welches man mit den Goyaven-Inselchen und Goyaven-Fluß nicht verwechseln muß.

St. Marie heißt ein Marquisat, ist eine See-Meile breit, längst der See, und 3 See-Meilen tief ins Gebirge.

Das Kirchspiel Marigot; hier hat man die schönsten Wege von der Welt biß an das äußerste Ende des Marquisats durch große Birnbäume, Alleen, wo 5 Wagen neben einander fahren können.

Das Kirchspiel der drey Flüsse, dessen Vertiefungen viele schöne Wohn-Plätze enthalten.

Fort Basseterre, auf einer Anhöhe.

Das Kirchspiel des alten Forts.

  Guadaloupe bringt hervor Baumwolle, Erbsen, Pataten, Manioc, Coffee, Zucker, Hirse, Ingber, Tobak, Vieh, viel Wildpret, Fische, Vögel. Die Mitte oder Innere des Landes bestehet aus einer Reihe sehr hoher Gebirge, die das Ober- und Niederland von einander unterscheiden; es sind gräuliche Felsen und erschreckliche Abstürze. In der Mitte ein wenig gegen Süden findet man das berühmte Gebirge Soufriere, die Schwefel-Grube genannt, dessen Fuß auf die Spitzen der andern tritt, und sich so hoch in die mittlere Gegend der Luft erhebt, daß man es aus den Augen verliert; auf

der

der Höhe hat man die schönste Aussicht von der West, und siehet bis über die Englischen Antillen hin.

Alles was man bisher angeführet hat, betrifft denjenigen Theil der Insel, welcher den Namen Guadeloupe führet. Nun müssen wir auch Gran de terre oder die andere Hälfte der Insel durchgehen, die ist zwar größer, aber später angebauet und nicht so bewohnt.

Das Kirchspiel Antigoe; die Engländer haben diesen Ort in die Asche gelegt.

Hafenmoule-Kirchspiel; in der Mitte dieses Kirchspiels liegt der Flecken und Hafen Moule, in einem schönen ebenen Lande, das mit vielen Wohnplätzen längst der Küste bis zur Zahnbucht gezieret ist, von der St. Marienbay, daran auch ein kleines Eyland, gelanget man in das

Kirchspiel St. Franciscus, welches ein vortrefflich Land, und viele Einwohner hat; von dar gehet ein schöner ebener Weg bis nach Moule, St. Anne und bis in das Gosier-Kirchspiel.

St. Anne Kirchspiel, wo ein schöner Hafen, darinn der Admiral Bompart itzhin seinen Succurs ausschiffen wollen, als die Capitulation schon geschlossen war.

Fort Louis ist in dieser Gegend gelegen, von Holz gebauet, und mit einer doppelten Reihe Pallisaden umgeben.

Der Schlund oder Gosier-Kirchspiel (quartier du Gosier) ist dem Fort Louis am nächsten. Es fängt bey der Salzgrubenbucht an, und gehet in schönen und sehr bewohnten Ebenen über die große Bay hinaus, woran ein Flecken an einem Fluß liegt, der in die Bay laufst, gegen einem kleinen Eilande zu, so darinnen liegt.

Nun ist noch das Abgründe-Kirchspiel übrig, so eines der größten, am gesalzenen Fluß liegt, und an den großen und kleinen Sack gränzet. Die Abgründe sind große Vertiefungen, die das Meer in das Land macht, wohin sich die Schiffe zur Zeit der Orcane begeben, oder vor dem Feinde bergen können. Das Wasser ist daselbst tief, und wenn die benachbarten Länder, sagt Labat, umgerodet würden: so könnte man ein vortreffliches Fort daselbst anlegen, welches nur eine Schlange zu seiner Vertheidigung brauchte. Ein Inselchen, welches man die Schweininsel (Auch dieses Inselchen, gleichwie noch viele

Oerter

Oerter und Flüße, deren die Reisebeschreibung gedenkt, zeiget die Karte Billins an) nennet, decket die Rhede vollkommen. Wenn endlich, fährt Labat fort, das Fort Louis in dieses Viertel verleget würde: so würde es diesen Theil der Insel vor allen Anfällen sichern. (Der Ritter Renaud, Generalingenieur der Marine, welchem 1700 aufgetragen war, die Plätze in America zu besuchen, machte den Anschlag, daselbst ein Fort anzulegen, wovon er auch den Riß gab. Es wird wohl bey der Spitze Antigue geschehen seyn, wo iho Portlouis ist, dessen Labat noch nicht gedenket.)

Die Kirchspiele von Grande terre werden, dem Geistlichen nach, meistens von Capuzinern besorget. Das ganze Land ist vortrefflich, und hat keine so fürchterliche Gebirge, als wie der andere Theil der Guadaloupe selbst. Man findet die vortrefflichsten Savannen darinnen, absonderlich in dem Aogründe-Kirchspiel. Man fing auch mit guten Glücke an Zucker zu pflanzen, worauf die schönsten Zuckerwerke angeleget worden. Der Zucker ist schön und wohl gekörnt, vornehmlich wenn er noch frisch ist: vormals wurde er asichticht, oder weichlich, wenn er einige Monate aufgehoben wurde. Dies ist auch der Fehler von dem meisten Zucker aus den Englischen Antillen. Man hat bemerkt, daß es auf dem großen Lande von Guadaloupe daher kam, daß ein so neu angebaueter Boden noch zu fett, andere sagen, noch gar zu voller Salz und Salpeter war; man versichert nun, die Felder hätten diese böse Eigenschaft verlohren, seit dem man sie gebraucht hätte. Es wächst ausser dem eine Menge sehr guter Bäume daselbst, die sich in dem andern Theile der Insel nicht finden.

IV. Die Insel St. Martin, lat. Insula St. Martini, über voriger. Es ist nichts merkwürdiges daselbst. Die Engländer haben sie den Franzosen weggenommen.

V. Die Insel St. Bartholomäi liefert Manioc, woraus gutes Brod gebacken wird. Auf unserer Karte ist sie nicht genennet. Haben auch die Engländer weggenommen.

VI. Die Insel Maria Galante, ist auf der Karte nicht angegeben. Es wächst guter Toback daselbst. Ebenfalls von den Engländern erobert.

VII. Die Insel Tortue, ist wieder nicht genennet. Zuckerrohr wächst daselbst reichlich. Man darf selbige mit Tortue, unter den Inseln Sotto Vento, nicht verwechseln.

1) la

1) la Baſſe Terre, wird der Ort genannt, allwo ſich die Franzoſen niedergelaſſen haben.

VIII. Die Inſel Martinique oder Martanico. lat. Martinica, unter St. Martin. Eine vortreffliche, ja die beſte unter allen Caribiſchen Inſeln. Es iſt ſelbige 16 Meilen lang, ungleich breit und im Umfange beträgt ſie auf 45 Meilen. Man erbauet daſelbſt Zucker, Caffee, Toback, Zimmet, Feigen, Manioc, Indigo und Erdäpfel. Die heftigen Winde und Erdbeben richten öfters vieles Unheil an, und die vielen Schlangen ſind den Einwohnern eine Laſt. Seit 1635 beſitzen ſelbige die Franzoſen.

Martinique liegt im 14 Grad 30 Minuten. Es giebt hohe Berge und Felſen auf der Inſel, die von niemand, als den Schlangen, und andern wilden Thieren bewohnet werden, jedoch ſind die Berge mit ſchönen Waldungen bedecket, deren Bäume die Europäiſchen an Höhe und Dicke weit übertreffen, auch Früchte und Eicheln im Ueberfluß tragen, welche den wilden Schweinen zur Nahrung gereichen; an den Hügeln wächſt der beſte Toback.

Die meiſten Häuſer der Inſel beſtehen aus Holz, und ſind ſehr bequem und artig erbauet. Die wichtigſten ſtehen auf Anhöhen der Mornen. Die ſo vortheilhafte Lage trägt nicht wenig zur Geſundheit derer bey, die darinnen wohnen. Die Häuſer werden auch deswegen auf Anhöhen gebauet, weil die Flüße in den Thälern oft großen Schaden anrichten, wenn ſie aus ihren Ufern treten. Sie reiſſen alsdenn Bäume um, ſpülen die Felſenſteine los, und überſchwemmen die Felder; ſtürzen auch nicht ſelten die auf der Ebene befindliche Häuſer über den Hauſen.

Die Menge der Einwohner, die das Land bewohnen und anbauen, iſt ziemlich angewachſen; man ſchätzt die Weißen über 12000 Seelen und die Negern oder Schwartzen auf etlich und 20000. Die vortheilhafte Lage der Inſel hat, wie ſchon gemeldet, vieles zu dieſer Vermehrung beygetragen: denn faſt alle Franzöſiſche und Holländiſche Schiffe richten ihre Fahrt ſo ein, daß ſie daſelbſt anlanden. Der Sitz des Souverainen Conſeils, deſſen Gerichtsbarkeit ſich nicht allein über alle die andern franzöſiſchen Antillen, ſondern auch über St. Domingo und la Tortue erſtrecket, ziehet auch viele Einwohner und Fremde dahin.

Die Franzosen bewohnten anfänglich nur Basseterre, oder das niedere Land von Martinique, die Wilden aber hatten das Obere oder Cabesterre inne. Ob sie gleich durch hohe Gebirge von einander abgesondert waren, so hinderte dies die Wilden doch nicht, wie wir schon gezeigt haben, die Franzosen zum öfftern zu überfallen. Die Insel wird in gewisse Kirchspiele, oder Viertel eingetheilet, deren anfangs 4 waren, als le Precheur, oder der Prediger, oder das Fort St. Pierre, Carbet und Case Pilote, die alle in Basseterre liegen, obgleich schon im Jahr 1650 das niedere Land allenthalben bewohnet war, so gehörten sie doch insgesammt dahin. Als aber die Wilden vertrieben waren, so wurden in Cabesterre, noch verschiedene Kirchspiele errichtet, die wir jetzt nacheinander durchgehen wollen. Sobald die Insel ein wenig angebauet war, so ritt man leicht in alle Viertel, auch die von Cabesterre nicht ausgenommen.

Wir wollen die Kirchspiele in Basseterre zuerst durchlaufen, und mit dem Prediger-Viertel den Anfang machen. Es hat seinen Namen von einem Felsen im Meere, gegen seine Spitze zu, auf welchem man noch einen zwoten weit erhabenern sieht, der von Ferne die Gestalt eines Predigers auf der Kanzel vorstellet. Die Pfarre daselbst hat von St. Joseph den Namen, und wird von den Dominikanern bedient. Dieses Viertel hat ziemliche Gebirge, jedoch auf einem sehr ebenen Grunde. An dem Abhange der Berge findet man schöne Wohnplätze.

Bey Labats Ankunft zählete man in beyden Kirchspielen, welche diese 3 Viertel ausmachen, ungefähr 2400 Communicanten, nebst einer gleichen Anzahl Negern und Kinder, die Soldaten und Flibustier mit darunter begriffen. Die Pfarrkirche zu St. Peter ist von Mauerwerke; das Portal von gehauenen Steinen, nach der Dorischen Ordnung mit einer attischen zum andern: man wirft aber der Zeichnung beträchtliche Fehler vor. Dieses Gebäude ist 120 Fuß lang, und 36 breit. Zwey Capellen endigen das Kreuz. Die Altäre, die Bänke und der Predigtstuhl sind von guten Geschmack, und der Gottesdienst wird darinne mit Wohlstande verrichtet. Die Häuser des Intendanten und besondern Statthalters, das Gerichtshaus, das Gefängniß, die Oefen und die Magazine, die Einnahmestuben, das Kloster der Ursularinnen, eine ansehnliche Rafinerie, und die vornehmsten Kaufleute, sind in dem St Peters-Gespiele. Die Kirche zu St. Dominicus, welche

F

welche für den Ankerplatz zur Pfarrkirche dienet, ist auch gemauert. Weiter gegen Süden liegt das Kirchspiel Carber.

Das nächste Kirchspiel dabey heißet Caſſepilote. Es hat einen Flecken und eine Kirche, die der Heil. Jungfrau geweihet ist, und von den Jeſuiten bedienet wird.

Weiter gegen Süden gelangt man an die Negerenſpitze, die an der großen Königl. Bucht (Cul de Sac Royal) liegt, worauf das Kirchſpiel Fort Royal ſelbſt folget, das wegen ſeines Hafens Carenage, der bey allen Völkern berühmt, merkwürdig iſt. Die Holländer verfügten ſich ſonſt auf ausdrücklichen Befehl von ihren General-Staaten im Brach-Heu- und Auguſtmonate dahin, um die Wuth der Oekane zu vermeiden. Sonſt ſcheiterten die Schiffe an den Küſten der übrigen Inſeln in Menge. Die Stadt und Fort Royal iſt der zweyte Hauptort nach St. Pierre auf der Inſel. Zu Labats Zeiten arbeitete ein geſchickter Ingenieur, Herr von Caylus, aus Languedok, an der Beveſtigung dieſes Platzes, und wenn man ihm gefolget hätte, ſo würde der Ort faſt unüberwindlich worden ſeyn; ſo aber hat ſie verſchiedene Mängel. Die Veſtung liegt auf einer Höhe in Geſtalt einer Halb-Inſel. Die Gaſſen der Stadt, welche man nachher bey dem Fort Royal erbauet hat, ſind nach der Schnur gezogen; aber mit ſehr ungleichen Häuſern beſetzt.

Die Stadt des Forts Royal iſt nicht allein der ordentliche Sitz des General-Statthalters, ſondern auch des Ober-Rathes. Dieſer beſteht aus dem General-Statthalter, dem Intendanten, dem beſondern Staathalter der Inſel, zwölf Räthen, einem General-Procurator, und den Königs-Lieutenanten, die darinnen Sitz und Stimme haben. Die Verſammlung wird alle zween Monate gehalten, und urtheilet alle Sachen, die gerade vor ſie gebracht werden, ſo wie auch die Appellationen von den Urtheilsſprüchen des Königl. Richters und ſeiner Lieutenante, ohne weitere Beziehung ab. Der General-Statthalter hat darinnen den Vorſitz; der Intendant aber, und in ſeiner Abweſenheit der älteſte Rath, ſammlet die Stimmen, und thut den Ausſpruch. In Abweſenheit des General-Statthalters hat der Intendant den Vorſitz, und thut den Ausſpruch. Die Bedienungen der Räthe werden nicht gekaufet. Sie ſollen bloß nach Verdienſten gegeben werden, ob ſie gleich oftmals nur auf Empfehlung ertheilet werden. Der Stadtſecretär des Departements der Mariane fertiget ihre

Be-

Bestätigung aus. Sie haben keine Besoldungen. Ihr ganzer Vortheil kommt auf die Befreyung von der Kopfsteuer für zwölf Negern nebst einigen leichten Vortheilen für ihre Versäumniße. Diese Stellen werden auch nur wegen der Ehre gesuchet. Man versichert, daß sie diejenigen adeln, welche in deren Verwaltung sterben, oder welche die Ausfertigung als Ehrenräthe erhalten, nachdem sie solche zwanzig Jahre lang besessen haben.

In den Sack Royal fließt der Eiderenfluß, so ziemlich stark, gleichwie auch der gesalzene Fluß, so noch größer ist. Hierauf kommt man auf eine große Erdzunge, darauf vier Kirchspiele und eben so viele Flecken liegen, daß also diese Gegend ungemein bewohnt ist. Die Kirchspiele, so meist von den Kapuzinern besorgt werden, heißen: St. Luce am Ruhsack, der Buchten, oder d'Arlets, nebst dem Diamantsflecken. Um diese ganze Erdspitze herum sind die vortrefflichsten Ankerplätze, als die schwarze Bucht, die kleine und große d'Alero-Bucht, wie auch die kleine und große Diamantbucht, die ihren Namen von einem Felsen im Meer, nahe an der äußersten Erdspitze haben, der wegen seiner Gestalt der Diamant genennet wird, und einer unendlichen Menge von Vögeln zum Aufenthalte dienet. Der Zugang dazu ist schwer: indessen wird er doch oftmalen, und zwar zu der Zeit besuchet, wenn die Holztauben gebrütet haben.

Weiter hin gegen Morgen liegt wieder eine kleine Erdspitze, worauf das Kirchspiel von dem Flecken des Plotenflußes ist, der dort vorbey fließet. An dieser Spitze geht der Sack Marin hinein, an welchem ein anderes Kirchspiel und Flecken liegt, der von diesem Sack den Namen führet. Es sind auch einige kleine Eilande in dieser ziemlich großen Bucht.

Auf der andern Seite dieses Sacks liegt die Salzgrubenspitze, so wieder eine große Erdzunge ist, die das Kirchspiel St. Anne in sich begreift. An der vordern Küste liegen bis zu dem Cap Ferre hin viele kleine Eilande, als: die Salzgrubeninselchen, wo vieles Salz gemacht wird, das Teufelsthor, das Capritinselchen nebst noch mehrerern in dem Engländer Sack.

Nun kommen wir nach Cabesterre, oder in das obere Land, so gegen Nordost lieget, und viele schöne und große Ebenen hat. Das erste Kirchspiel, wohin man aus dem Flecken des Saks Marin kommt, heißt Vauclain, und hat einen Flecken gleiches Namens. Die östliche Spitze

Spitze wird das Cap Ferre genannt, in welcher Gegend eine Batterie
angelegt worden. Darauf folgt die Macabouspitze die am Vau-
claine sack lieget. Der Simons-und Fregattensack gehören schon zu
dem Flecken und Kirchspiel St. François, auf welches das Kirchspiel
Robert folget.

Die große Vertiefung, welche man den Sack Robert nennet, hat
fast zwo Seemeilen Tiefe. Sie wird durch zwo Spitzen verschlossen,
wovon die östliche die Rosenspitze und die westliche die Galionenspitze
heißt. Ihre Oeffnung wird durch ein Inselchen von einer Meile im
Umfange gedecket, welches das Inselchen Monsieur heißt. Eine andere, die weiter in das Meer hinein gehet, decket die östliche Spitze der
erstern, so daß zwischen ihnen nur ein Canal bleibt und sie alle beyde
dienen die ganze Oeffnung des Sackes zu decken; daher sie diesen Hafen
sehr sicher machen. Man kann nur durch drey Farthen hineinkom-
men; die eine, welche zwischen den beyden Inselchen ist, ist tief, ohne
Gefahr und 50 bis 60 Toisen breit; die beyden andern sind zwischen
den äußersten Enden der Inselchen, um den Spitzen des Landes der
Insel, die aber nur Barken und sehr kleine Schiffe einnehmen können.
Dieser Sack bildet von Natur einen so schönen Hafen, daß er die
zahlreichste Flotte einnehmen würde, und an vielen Orten können die
Schiffe daselbst so nahe am Lande ankern, daß man mit einem Brete
aussteigen kann. Dieses Viertel zeiget eine Menge schöner Wohnplätze.

Der Sack Franciscus ist in Ansehung der Breite und Tiefe,
das ist, seiner Einbiegung, lange nicht so schön, denn es würde den
größten Schiffen daselbst nicht an Wasser fehlen, wenn ihnen die Einfahrt nicht durch eine Barre von Triebsande versperret wäre, welche
nach der Veränderung der Ebbe und Fluth, oder nach der Heftigkeit
des Flusses die Lage verändert. In einer von denen Inselchen, welche
diesen Sack verschließen, findet man einen weißen und zarten Bruch-
stein, der dem Feuer sehr gut widersteht, und daher zu Werkstücken gebraucht wird, die Oefen in den Zuckersiedereyen daraus zu machen.
Der Fluß ist wenigstens fünf und dreyßig bis vierzig Toisen breit und
führet den Namen des Sackes. Er ist außerordentlich tief, und das
Meer theilet ihm bis auf zwey Meilen von seiner Mündung den Geschmack seines Wassers mit. Eine Menge Manglen, die ihn an beyden Seiten besetzen, ziehen sein Bette zusammen und vertheidigen ihn

glück-

glücklich wider das Aussteigen. Er ist sehr fischreich: die Requine und Becunen aber machen das Fischen daselbst sehr gefährlich. Unter vielen Wohnplätzen rühmet Labat einen, der fünf oder sechs hundert Schritte von dem Orte ist, wo der Fluß aufhöret, für Barken schifbar zu seyn. Der Eigenthümer hat einen Canal von neun bis zehn Fuß breit graben lassen, welcher die Canote und Chaluppen bis vor die Thür seines Zuckerwerkes führet, nebst Rinnen, welche über seine Savanne gehen, und das tiefe und überschwemmte Land auszutrocknen gedienet haben.

Zwischen dem Roberts-Kirchspiel und dem Flecken la Trinitée fließt einer der größten Flüße auf der Insel ins Meer, den aber doch Bellin auf seiner Karte keines Namens gewürdiget. Der Hafen la Trinitée ist eine große Vertiefung, welche eine lange Spitze, die Caravellenspitze genannt, ausmacht, womit sie an der Südost-West-Seite bedecket wird. An der andern ist sie durch einen ziemlichen hohen Morno ungefähr vier hundert Schritte lang verschlossen, der nur durch eine Erdzunge von fünf und dreyßig bis vierzig Toisen breit, an das Land der Insel hängt. Die Ostseite, welche dem Grunde des Seebusens entgegen stehet, wird durch eine Kette Felsen verschlossen, welche bey niedriger See mit dem Wasser gleich erscheinen, und auf welchen man, wie Labat urtheilet, eine Batterie errichten könnte. Es ist eine falsche Meynung, sagt er, wenn einige Weltweisen keine Ebbe und Fluth zwischen den beyden Wendezirkeln zulassen, oder sie wenigstens für fast unmerklich daselbst halten. Die ordentliche Fluth, an den Inseln Martinik und Guadaleupe, steigt auf funfzehn oder achtzehn Zoll; und in den Neu- und Vollmonden geht sie selten über zwey Fuß. Die Einfahrt des Hafens ist gegen Westen dieser beyden Klippen zwischen ihnen und der Spitze des Morno. Diese Spitze, welche niedrig und von Natur gerundet ist, wird durch einige Stücke vertheidiget.

Der Flecken bestund damals nur aus sechzig oder achzig Häusern, die in einer krummen Linie gebauet waren, welche der Gestalt des Busens oder Hafens folgte. Die Kirche, welche nur von Holze und einer mittelmäßigen Größe war, nahm den Mittelpunkt der Vertiefung ein. La Trinitée aber ist ansehnlich angewachsen, seitdem man in diesem Viertel viel Zucker, Cacao, Baumwolle und andere Waaren bereitet, die eine große Menge Schiffe, vornehmlich von Nantes dahin ziehen. Sie finden daselbst einen gewissen Abgang derjenigen Waaren, die sie aus Europa dahin bringen; weil die Einwohner der benachbarten Viertel, die sehr bevölkert sind, sich lieber damit bey ihnen versehen, als ihre Bedürfnisse von Basseterre kommen lassen wollen. Außerdem haben die Schiffe den Vortheil, daß sie daselbst in der Jahreszeit der Orcane in einem sehr sichern Hafen in Sicherheit sind; und wenn sie ihn verlassen, um wieder nach Europa zu gehen, so finden sie bey allen den Inseln guten Wind, welches ihnen über drey hundert Seemeilen ersparet, die sie sonst thun müßten, um die ordentliche Ausschiffung zu St. Domingo oder Portorieco zu suchen.

Auf Trinitée folgt der Flecken und Kirchspiel St. Maria, darinn ein Fluß gleiches Namens, welcher stets sehr gefährlich ist, da er gleich sein Bette verändert, wenn er nur von dem Seewasser aufgeschwellet wird. Nur eine Stunde davon liegt der Flecken und Kirchspiel Marigot, woselbst ein kleines Fort angelegt ist. In dieser Gegend herum ist das schönste Land, so man wünschen kann. Es geht ein Weg am Ufer von la Trinitée bis in das Kirchspiel Maccouba, und aller Orten trift man eine Menge Wohnplätze an. In Marigot liegt der Jacobs-Grund acht Seemeilen von dem Fort St. Pierre und zwey von la Trinitée, zwischen zwey großen Hügeln, die ein flaches Land ungefähr zwey hundert und funfzig Schritte breit zwischen sich lassen, an dessen Seite ein kleiner Fluß lauft, welcher eben den Namen führt. Es ist ein Geschenk, welches du Parquet 1654 den Dominikanern gemacht. Es ist sechshundert Schritte breit, und hat zwey hundert Schritte in der Höhe vom Ufer des Meeres gegen die Gebirge. Das Haus oder Kloster liegt am Fluß nur drey hundert Schritte vom Meere. Es bestehet aus drey hölzernen Gebäuden, hat einen schönen Garten und wohlangelegte Zuckerwerke. Von da aus geht man über den Zimmermannsfluß, der nicht groß, aber sehr gefährlich, weil er über Triebsand fließt. Nachgehends kommt man über den Mace-Fluß. Man trift zwey oder drey sehr hohe und steile Hügel an, bis man zum Lorrainsflusse kommt, über welchen man nicht ohne Beschwerniß geht.

Am Ufer ist eine Batterie angelegt; alsdenn kommt man zu der großen Bucht, wo ein Flecken und Kirchspiel gleiches Namens liegt, das nur zwey Seemeilen von dem Jacobs-Grund entfernet ist. Diese Bucht hat einen sehr guten Ankergrund. Von dem Flecken bis zu dem

großen

großen Capotfluß rechnet man nur eine Stunde. Man geht durch eine Saranne. Der Weg ist angenehm und mit Alleen von Orangebäumen besetzt. Der Capot ist einer von den größten Flüßen auf der Insel. Ordentlicher Weise ist er 6 bis 10 Toisen breit, zwey oder drey Fuß tief in der Mitte und sehr hell. Große Klumpen Steine und eine Menge Kiesel, womit er angefüllet ist, machen seinen Durchgang gefährlich, wenn er nur ein wenig anläuft. Es ist noch ein anderer Fluß darneben, welcher der kleine Capot heißt. Auf beyden Seiten sind Schanzen und Batterien angelegt.

Nicht weit davon gelangt man an den Fluß der Nieder-Spitze, von welcher das Kirchspiel und Flecken gleichen Namen führen. Alle Flüße dieses Viertels sind nur Bäche, welche von den Bergen kommen und bey dem geringsten Regen anlaufen. Auch hier ist eine Batterie von etlichen Stücken.

Von dem Capotfluße, wo das Kirchspiel der niedern Spitze, oder Bassepointe aufängt, bis an den großen Fluß, welcher das nächst daran liegende Macoaba-Kirchspiel von dem Prediger-Kirchspiele absondert, befindet man sich in dem besten und schönsten Theile der Insel. Die meisten Wohnplätze sind daselbst durch kleine Flüße von einander abgesondert, oder auch durch tiefe Regengraben, welche die Wege in etwas beschwerlich machen; aber sehr bequeme Gränzen für die Felder und sehr leicht zu bewachende Verschanzungen sind. Der Macaboufluß lauft zwischen zwey steilen Felsen in das Meer. Man findet unter dem Felsen am Gestade große Bogengewölber mit runden Löchern darinnen, die sehr weit durchgehen, und welche man für Röhren von Feuermauren halten sollte. Man weis nicht, woher diese Löcher kommen; denn da sie in einem lebendigen Felsen sind, worauf über fünf und zwanzig Toisen hoch Erde oder Stein liegt: so kann man sie nicht den Baumwurzeln zuschreiben. Der Fluß ist vierzig Fuß breit und ordentlich 2 Fuß tief. Am Ufer liegen die Magazine, wo die Einwohner des Viertels ihren Zucker und andere Waaren bis zur Ankunft der Barken verwahren. Wenn wir nun diese Kirchspiele zusammen rechnen; so kommen ein und zwanzig heraus, wie solche Bellins Karte bemerkt hat.

Die

48 ✱ ✱ ✱

Die Mitte der Insel besteht aus hohen Gebirgen, doch liegen auch
dazwischen, wie an der See, lauter fruchtbare Gegenden. Der Zu
cker, davon jährlich für mehr als fünf Millionen Livres gebauet wird,
und Caffee, nebst dem Indigo, Cacao, Roucou, Baumwolle und
Taback sind die hauptsächlichsten Waaren, welche ausgeführet
werden.

 Von den Lucayschen Inseln besitzen die Franzosen und Spanier:
Nämlich die Insel St. Catharina oder Providentia. Es liegt selbige
unter Jamaica, der Provinz Honduras gegen über, und also von vo-
rigen weit entfernet. Eben deswegen haben wir sie nicht mit darunter
angegeben. Es ist selbige erst seit 1667 bekannt. Weil sich nun öfters die Seeräuber dahin geflüchtet, so haben die Spanier und
   Franzosen Besitz davon genommen.

Vorbericht.

Diese illuminirten Landkarten werden die Kenntniß dessen, was den Engländern und Franzosen eigentlich zugehöret, der Länder, welche heutiges Tages die Materie des Streits unter diesen beyden Nationen abgeben, und die Forts, welche die Franzosen mitten unter den engländischen Colonien, und in denen Ländern, welche die Engländer wieder fordern, gebauet haben, auf eine deutliche Art erleichtern. Die drey gelben Linien, welche durch Neu-York, Neu-England und Neu-Schottland gehen, zeigen was sich Frankreich gegen Norden von diesen dreyen Provinzen zueignet. Die drey andern gelben Linien aber welche horizontal gezogen sind, bezeichnen den Umfang, welchen diese Provinzen gegen Westen, nach dem Innhalte derer Freyheitsbriefe würden haben können, die von den Königen in England den ersten Eigenthümern dieser Nation zugestanden worden. Es ist nichts mehr übrig, um eine hinlängliche Kenntniß von dieser Karte zu haben, als eine geographische und historische Beschreibung von den Colonien dieses festen Landes zu geben. Dieses werde ich unpartheyisch und so kurz thun, als es mir immer möglich seyn wird. Zur Vermeidung der unnützen Wiederholungen habe ich nur bloß die Lage der Oerter durch die Wörter Nord, Süd, Ost, West u. s. w. ausgedrückt, ohne den Ort zu nennen, in Ansehung dessen der letzte Platz liegt. Dieses wird eigentlich darunter verstanden,

Das nordliche America.

Dieses Stück der neuen Welt begreift folgende Länder:

Neu-Britannien.

Canada.

Neu-Luisiana.

Englän-
-dische
Besi-
-tzun-
-gen.

Florida.

Mexico, oder

Neu-Spanien.

Neu-Britannien.

Dieses Land wird gegen Norden durch die Hudsonsbay und Meerenge, welche es von den Ländern unter dem Nordpole absondern; gegen Morgen durch das Nordmeer, gegen Süden durch Canada, und den Meerbusen St. Lorenz, und gegen Abend durch unbekannte Länder eingeschränket. Es liegt zwischen dem 50 und 64 Grade Norderbreite.

Es hat von den Engländern den Namen Neu-Britannien erhalten. Das Stück, welches der Hudsonsbay gegen Morgen liegt, ist von den Spaniern Labrador, und von einem wilden Volke, welches gegen Südost darinnen wohnet, Esquimaur genannt worden.

Die Luft ist daselbst überaus kalt, und das Land dergestalt mit Gehölzen, Flüssen und Gebirgen durchschnitten, daß es wenig bekannt ist; es hat aber das Ansehen, daß es eben nicht sehr bevölkert ist, und daß des-

dessen Einwohner ihren Unterhalt nur von den Bieber- und Elendshäuten ziehen, welche sie den Engländern verkaufen, die an der Hudsonsbay Forts haben. Die Wilden tauschen vor ihre Pelzwerke Gewehr, Pulver und Bley, Kessel, starke Getränke, grobe Zeuge und allerhand kleine und kurze Waaren ein. Man kennet nur die Küsten von diesem großen Lande. Neu-Britannien besteht eigentlich in dieser Strecke Landes, welche durch die Hudsonsbay in zween Theile gesondert ist, nämlich den ost- und westlichen.

Der östliche Theil ist der vornehmste, und begreift **New-North-Wales, New-South-Wales und New-Saverne.**

Die Hudsonscompagnie errichtete daselbst unter Karls des II, Königes in England, Regierung im Jahr 1681 einen Pelzhandel, der ihm heute zu Tage sehr viel einbringt. Die Franzosen haben an eben der Bay Niederlagen für eben den Handel gehabt, der ihnen auch sehr einträglich gewesen. Diese, welche über die Nachbarschaft der Engländer eifersüchtig und mißvergnügt waren, haben sich demselben mit aller ihrer Macht widersetzet. Sie sind wechselsweise Meister von der Bay gewesen. Der Streit ist endlich durch den utrechter Frieden zum Besten der letztern geschlichtet worden, welche daselbst die Factoreyen oder Forts **Churchill** gegen Nordwest, **Hayes** gegen Süden, **York** gegen Süden, **Neu-Saverne** gegen Südost, **Albanie** gegen Südost, **Rupert** gegen Südost haben. Gemeiniglich bringt diese Factorey jährlich zwischen 40 bis 50000 Stücke kostbares Rauchwerk, und 10000 Bieberbälge zusammen.

Nebst den Bieberbälgen, als damit das Hauptverkehr getrieben wird, laden die Gesellschaftsschiffe noch allerley andres Rauchwerk aus eben derselben Gegend; und da selbiges seit einigen Jahren sehr starcken Abgang in Europa findet, so trug es nicht wenig dazu bey, daß die Umstände der Gesellschaft ein besseres Ansehen gewannen. Noch ist der Fischleim als ein Nebenast ihrer Handlung anzusehen, und hat die Gesellschaft in denen ihr zugehörigen Schanzen drey Siedereyen zu seiner Zubereitung angeleget. Was sie von engländischen Landeswaaren ausführet, das beträgt das Jahr nicht über 3 bis 4000 Pfund Sterlings, so wie man sagt, so betrug es innerhalb vierzig Jahren, nämlich von 1699 bis 1728 nicht über 60000 Pfund Sterlings, oder 340000 Thaler.

Von den Bibern, die sie nach England bringet, werden gemeiniglich zwey Drittheile von den engländischen Hutmachern verarbeitet, das übrige Drittel wird nach Hamburg und Holland ausgeführt, und von da kömmt es nach Deutschland. Aus den abgehaarten Bälgen, und zwar aus den besten machet man Handschuhe von unterschiedlichem Preise, aus den schlechten wird Leim gesotten.

Es giebt eine große Menge Wallfische in der Hudsonsbay. Wäre es allen Engländern überhaupt vergünstiget, dahin zu schiffen; so würde, wie man glaubt, der Fang sehr vortheilhaftig für sie ausfallen. Der Gewinnst, den die Compagnie hat, muß also sehr groß seyn, weil sich die beyden Nationen, die einander den Besitz desselben oftmals streitig gemacht, durch die überaus große Kälte nicht haben abschrecken lassen, die daselbst ist, und sie sieben bis 8 Monate lang in ihren Häusern gleichsam im Gefängnisse hält. Der Schnee fällt daselbst gemeiniglich zehn bis zwölf Fuß hoch; und das Meer frieret fast in eben solcher Dicke zu. Dieses Land trägt durchaus nichts zu den Bedürfnissen der Einwohner dieser reichen aber unglückseligen Colonien bey.

Die Hudsonsbay ist der große Busen des Nordmeers, zwischen Neu-Britannien und den Ländern unter dem Nordpole. Man sagt, **Friedrich Anschild**, ein Däne, sey der erste gewesen, der sie entdecket habe, da er einen Weg durch Nordwest gesucht, um nach Ostindien zu gehen. Sie führet aber den Namen von einem Engländer, **Heinrich Hudson**, welcher 1612 in eben der Absicht, wie der Däne, dahin gieng. Er kam auf dieser Reise um. Seit 1742 hat man verschiedene Reisen in dieses Meer gethan, und sich bemühet, dasjenige zu entdecken, was Anschild und Hudson vergebens gesuchet haben. Es scheint gleichwohl, daß die Engländer nicht verzweifeln, glücklich darinnen zu seyn.

Die engländischen Besitzungen.

Dieses Land ist eine große Küste, welche gegen Norden von dem Flusse und Meerbusen St. Lorenz, gegen Osten von dem Nordmeere, gegen Süden von der Halbinsel Florida, und gegen Westen von dem eigentlichen Neu-Frankreich und Luisiana begränzet wird.

Diese Küste begreift von Nordost gen Südwest folgende Provinzen,

	Pensil-			Neu
	-vanien,		N. Jersey. Neu York.	Schott-
Virginien,	Mayrland.	Neu-England.		-land.
Carolina.				
Georgien.				

Die

Die Insel Terreneuve oder Neuland.

Diese Insel liegt gegen Osten des Meerbusens St. Lorenz. Die Straße Belleisle sondert sie davon ab, gegen Norden von Neu-Britannien oder dem Lande der Esquimaur. Sie wird von Canada durch eine Meerenge, welche nicht breiter ist, als die zwischen Douvre und Calais, abgesondert. Ihr Umkrais beträgt ohngefähr 300 französische Meilen. Sie liegt zwischen dem 46 Gr. 30 Min. und zwischen dem 51 Gr. 30 Min. Norderbreite. Von England ist sie nur 600 französische Meilen entfernet, und vollendet man die Ueberfahrt nicht selten in 20 Tagen, ja man hat Beyspiele noch weit geschwinderer Reisen. Sebastian Cabot, welcher vom Könige in England, Heinrich dem VII, ausgeschicket worden, erkannte es 1497, und nannte es Stockfischland, weil man diese Fische an seinen Küsten fängt. Die Engländer und Franzosen haben sich daselbst niedergelassen. Die erstern sind seit 1713, kraft des utrechter Friedens im Besitze desselben, wobey sie den Franzosen erlauben, daselbst Stockfische zu fangen und zu trocknen, von dem Vorgebirge Bonavista gegen Osten an, bis an das Vorgebirge Rich gegen Nordwest. Die Landeseingebohrnen dieser Insel sind wild, wie die Canadier. Man kennet nur die Küsten dieser Insel, auf deren Gestade man den Stockfisch trocknet. Die vornehmsten Bayen in dem mittäglichen Theile sind la Trinite, la Conception und Plaisance. Der Hafen St. Johann gegen Südost ist ein wichtiger Posten, welchen die Engländer befestiget haben. Sonst zählte man in den engländischen Pflanzstädten in Terreneuve, Männer, Weiber und Kinder zusammen gerechnet, ohngefähr 4000 Seelen. Es hat aber, seitdem die Engländer ganz allein Herren von der Insel sind, die Anzahl der Einwohner merklich zugenommen, und vorizt steigt sie über 6000 Seelen.

Um die Insel Neuland hatte man sich so wenig bekümmert, als um Acadia; vorietzo aber suchen sie die Engländer nebst dem Besitz des Hafens Plaisance und der gantzen südlichen Küste, daran er liegt, in Sicherheit zu setzen.

Die Franzosen setzeten sich ehedem an der Plaisancebay feste, indem sie da einen so schönen und bequemen Hafen, als einer in gantz Nordamerica seyn mag, fanden. Nun ist zwar dieser Ort weiter gar nichts als ein Hafen, indem man die allergemeisten Bedürfnisse anders woher holen muß; allein da hier der Stockfisch nicht nur in ungemeiner Menge

ge gefangen, sondern auch mit großer Bequemlichkeit getrocknet werden kann, so sind die Engländer auf dessen Erhaltung sorgfältig bedacht.

Die Plaisancebay ist 18 französische Meilen lang, und zu äußerst liegt der Hafen. Man läuft durch einen engen Schlund, der nicht mehr als ein einziges Schiff, doch aber von iedweder Größe einläßt, hinein. Es können 150 Schiffe in Hafen liegen, und gegen alle Winde gesichert seyn, auch den Fischfang eben so ruhig, als in einem Flusse treiben. Vor dem Schlunde liegt eine Rhede anderthalb Meilen weit, welche aber gegen den auf dieser Küste sehr gemeinen und dabey stürmischen Nordnordwest keine Sicherheit verschaffet. Was die Einfahrt so enge macht, das sind gewisse zur rechten Hand liegende sehr gefährliche Klippen. Die Ströme sind hier ungemein heftig, und streichen über die Klippen, also, daß man die Schiffe buchsiren, und hierzu ein dreyfaches Tau auf die dabey liegende Sandbank ausbringen muß.

Die nur besagte steinigte Sandbank ist eine französische Meile groß, und liegt zwischen zween andern ungemein steilen Bergen. Einer davon stehet gegen Südwest; er wird von der Bank abgesondert, der aus dem Schlunde entspringt, und etwas einem See ähnlich, oder die sogenannte kleine Bay bilder. Hier fängt man viel Salmen; auf der großen Steinbank können auf einmal ungefähr so viel Fische, als die Ladung für 60 Schiffe beträgt, getrocknet werden; nebst dieser giebt es noch eine kleinere, zum Gebrauch der Einwohner, welche ihren Fang an der Küste treiben; auf allen beyden kann der Fisch ohne die geringste Sorge getrocknet werden; denn beyde Bänke liegen voll flacher Steine oder Schiefer, (Galots). Die Nachrichten von der innern Beschaffenheit dieser Insul sind ungemein widersprechend; will man diese mit einander vergleichen, so darf man nur die Gegenden, dahin die Europäer kommen, voneinander unterscheiden. Die Süd- und Ostküste hat in der That insgemein keinen sehr heitern Himmel, und es liegt, wie ich anderswo erwehnet habe, die Schuld davon an der großen Bank, als welche von einem beständigen Nebel bedecket wird; dagegen genießt man an der Ost- und Nordseite Winter und Sommer eines heitern Himmels. Von dem inwendigen der Insul läßt sich wenig gewisses melden. Es ist beynahe unmöglich, dahin zu kommen, und habe ich noch niemand angetroffen, der sich dessen berühmet hätte. Unter denen, die am weitesten kommen, können einige gar wohl angenehme Gründe, andere hingegen steile Felsen angetroffen haben. Zwar ist kein Berg ohne Thal; allein, die Thä-

ler

ler selbst sind nicht allemahl von gleicher Beschaffenheit. Nebst dem muß in einem so weitläuftigen Lande, nothwendig eine Gegend anders, als die andere beschaffen seyn.

In der Gegend um den Hafen und die Bay Plaisance, giebt es viele Teiche und Bäche, an welchen sich das Wildprät in großer Menge aufhält; es ist aber wegen Unwegsamkeit der Gegend, beynahe nicht möglich, es zu schiessen; daher vermehret es sich unendlich, ohne daß man es nützen kunte, als irgend zufälliger Weise. Die Kälte muß freylich heftig seyn, nicht so wohl deßwegen, weil das Land zwischen 46 und 50 Graden liegt, als wegen der vielen Berge und Wälder, wegen der öftern West- und Nordwinde, und absonderlich, wegen der ungeheuren Eißstücke, welche aus dem Nordmeere treiben, und öfters lange Zeit daran fest bleiben. Eben so wenig ist die große Sommerhitze auf freyen Felde etwas unbegreifliches, weil die Strahlen der Sonne auf kahle Felsen, und mit Kieselsteinen angefüllete Gegenden fallen, und davon zurücke prallen.

Von den natürlichen Einwohnern, und der Beschaffenheit des innern Landes, hat man eben so wenig Gewißheit. Zwar sind einige Geschichtschreiber geneigt, ihm Einwohner zuzuschreiben: die gemeine Meinung hingegen, will von keinen beständigen Einwohnern etwas wissen. Man hat an der Küste nie andre Leute gesehen, als Eskimaur, welche die Jagd und ihr Verkehr mit den Europäern dahin führete; zwar haben dieselbigen öfters noch andere Völker, mit welchen sie Handel trieben, erwehnet. Allein, sie vermengen überhaupt alles, was sie sagen, mit Fabelwerk; und es ist schwer zubegreifen, daß ein ganzes Volk in der Mitte einer Insul, sie sey übrigens so groß als sie wolle, beständig eingeschlossen bleiben, und nie an die Küste kommen solte.

Die Meerenge zwischen der Insul Neuland, und dem Americanischen festen Lande, heißt die Straße Belleisle, und läuft nordwerts und südwerts. Ist man gegen Süden durchgekommen: so findet man, unter dem fumfzigsten Grade an dem festen Lande, Labrador eine große Bay, mit einer den Franzosen gehörigen Schanze, Panchartrain genannt. Sie gehöret heutiges Tages einen cänadischen Edelmanne aus einen normandischen Geschlecht, Namens Tilly de Courtemanche. Der Stockfischfang ist hier zwar ungemein ergiebig: allein, mit den Landeseinwohnern ist nichts zu thun, denn sie dermaßen Leute scheu, daß man alle Hoffnung zu ihrem Umgange aufgegeben hat.

Uebrigens haben wir uns Neuland weit besser zu Nutzen gemacht, als Acadien, ungeachtet Acadien, so viel den Stockfischfang betrifft, nur besagter Insel nicht das geringste nachgiebt, in allen übrigen Stücken aber ohne Vergleich überlegen ist. Allein, hier war der Gewinn augenblicklich da, und erforderte wenig Vorschuß; Eben so wenig hatte man einen Anbau, welcher Eintracht und Muth erforderte, nöthig; sondern es konte ein iedweder, der nach Neuland auf den Fischfang abreisete, nach einigen Monathen wieder zu Hause bey seiner Frau seyn.

Die große Bank Terreneuve ist 60 Seemeilen weit gegen Osten von der Insel Terreneuve. Sie ist eigentlich, sagt der P Charlevoir, ein großes Gebirge unter dem Wasser, welches ohngefähr 200 Seemeilen lang ist. Es wird nur wegen der wenigen Tiefe, die man daselbst in Ansehung anderer Oerter dieses Meeres findet, welches ungemein tief ist, Bank genannt. Es ist stets mit 20 bis 25 Faden Wasser bedecket, so daß die Schiffe daselbst ohne Gefahr liegen können, welches es von andern Bänken unterscheidet. Man sieht daselbst jährlich vier bis fünfhundert Fahrzeuge fast von allen europäischen Nationen, vornehmlich Holländern, Engländern und Franzosen, um Stockfische und Wallfische zu fangen. Seitdem aber die Engländer Terreneuve besitzen, will die Fischerey der Franzosen wenig mehr sagen. Sie sind gezwungen, den bostoner Kaufleuten jährlich für mehr als eine Million Gulden Stockfische abzukaufen, da sie doch zur Zeit des utrechter Friedens alle Jahre wohl 800 Schiffe nach Terreneuve abschickten, beynahe 40000 Personen, theils Matrosen, theils Handwerksleute und Handlanger mit dem Fischfange beschäftigten, und alle Jahre 3000 neue Matrosen zogen. Die Stockfische sind daselbst so überflüßig, daß sie zuweilen die Schiffe verhindern. Ein guter Fischer fängt ihrer bis auf 400 des Tages, obgleich diese Fischerey nur mit Leinen geschiehet. Man sagt, der Grund der Bank sey mit Muscheln und kleinen Fischen bedecket, wovon sich die Stockfische nähren. Der Stockfischfang geschiehet vom Anfange des Aprils bis zu Ende des Weinmonats. Im Winter ziehet sich dieser Fisch von der Bank weg.

Wie im Stockfischfange geübt ist, der fängt wohl 350 bis 400 in einem einzigen Tage, mehr aber nicht, indem man so wohl durch die Schwere des Fleisches, als durch die an der Bank herrschende heftige Kälte ungemein abgemattet wird. Die Fahrzeuge, die man zur Schiffahrt nach Neuland gebrauchet, halten etwa 100 bis 150 Tonnen, und sind mit 20 bis 25 Mann besetzet. Laden sie frische Stockfische, so nehmen

men sie aus Beysorge, es möchten bey längerm Verweilen die zuerst gefangenen verderben, den Rückweg nach Hause, sobald sie 30 bis 35 tausend haben, und unterstehen sich nicht, mehrere zu fangen. Ja sie warten zuweilen nicht einmal so lange, bis die Zahl der 30000 voll ist.

Beynahe alle Stockfische, welche der Engländer so wohl an der großen Bank, als in der Gegend von Neuland, an der Küste von Neuenaland und Neuschottland fänget, werden nach Portugall, Spanien und Wälschland verführet. Doch wird auf Barbados, und den übrigen englischen Inseln gleichfalls etwas abgesetzet. Dem Vorgeben nach wird an allen nur gemeldeten Orten 200000 Centner gedörrter Stockfisch verkauft, daraus man doch, ohne die Fracht abzurechnen, 138000 Pfund Sterlings oder 782000 thlr. ganz rein, und ohne weitern Umsatz löset. Diese ganze große Summe ist lauter Gewinn. Denn dasjenige, was man für den Stockfischthran bekommt, imgleichen für die Auswürflinge, die in den antillischen Inseln, zu Beköstigung der schwarzen Leibeignen gekauft werden, das vergütet alle und jede zu dieser Fischerey erforderliche Kosten, als zum Beyspiele, was für Salz, für Rum, für Hanf, für Lebensmittel, Küchengeräthe u. s. w. ausgegeben werden muß. Man beurtheile nun die Wichtigkeit dieser Handlung. Man durchgehe alle übrige Beschäfftigungen, und sehe, ob eine einzige einen dergleichen ungeheuren Gewinn abwerfe. Doch, es bleibet nicht einmal bey den 138000 Pfund Sterlings, damit diese Fischerey den Reichthum Englands jährlich vermehret, sondern sie verschaffet dem Königreiche auch noch einen andern Vortheil. Sie beschäfftiget eine große Menge Leute und Schiffe. Dem gemachten Ueberschlage zu Folge steiget die Fracht für diese Waare bis auf den dritten Theil ihres Werths.

Dasjenige, was davon nach Portugall, Spanien und Wälschland verführt wird, beträgt ganz allein eine Ladung von 30000 Tonnen, erfordert ohngefähr 2700 Matrosen, und kann, wofern diese Handlung nach der ganzen Umfangs betrachtet wird, dem Königreiche jährlich etwa 260000 Pfund Sterlings, oder 1473000 Thaler eintragen. Von diesem Gewinnste rühren wenigstens zween Drittheile aus Neuland her.

Neu-England treibet für sich ins besondere eine Handlung mit gedörretem Stockfische, und es beträgt selbige wenigstens den dritten Theil von dem ganzen Fischfange der Engländer. Die Anzahl der sämtlichen Schiffe, welche die Engländer zum Stockfischfange gebrauchen, beläuft sich auf fünfhundert.

Der stetige Fischfang hat zu Bevölkerung der engländischen Pflanzorte nicht wenig beygetragen. Nebst dem giebt er den Engländern einen unsäglichen Vortheil über alle andere Völker, welche nur den umschweifenden Fischfang treiben. Denn da jener sie in den Stand setzet, ihre Fische um einen weit billigern Preis zu geben, als es den Schiffen möglich fällt, wenn sie aus Europa auf die Fischereyen auslaufen, und noch in selbigem Jahre wieder nach Hause kommen; so haben sie die Lieferung für ganz Spanien, Portugall, und den größten Theil von Wälschland an sich gezogen. Gegen Südost der großen Bank ist eine andere nicht so große Bank, welche man die kleine Bank nennet.

Die Insel Cap-Breton oder die kön. Insel.

Liegt gegen Nordost von Acadia zwischen dem 45 und 47 Grade Norderbreite. Sie wird nur durch eine sehr kleine Straße von Acadia abgesöndert. Ihre Gestalt ist sehr unordentlich, und sie ist von vielen Seen und Flüssen durchschnitten. Man giebt vor, es finde sich kein Ort in der Welt, wo man mehr Steckfisch fangen könne, und wo man mehr Bequemlichkeiten habe, sie zu trocknen.

Dieses Eyland gehöret mit zu Neu-Schottland, wie man aus des Königes Jacobs des I offenem Briefe sehen kann. Die Königin Anna drang bey dem utrechter Frieden sehr auf dessen Wiedergabe: indessen hatten doch die Franzosen die Geschicklichkeit, es zu erhalten. Es ist der Schlüssel von Canada; und wenn es die Engländer 1748 durch den aachner Frieden nicht wiedergegeben hätten, so hätte kein einziges französisches Schiff zu Kriegszeiten nach Canada gehen, noch von da auslaufen können, ohne Gefahr, weggenommen zu werden.

Frankreich hat durch die Abtretung Acadiens und Plaisance an die Engländer keinen andern Ort weiter zum Stockfischfange, oder wenigstens zum trocknen desselben, als die Insel Cap-Breton, die heutiges Tages nur unter dem Namen der königlichen Insel (Isle Royale) bekannt ist. Sie macht mit der Insel Neuland, wovon sie nur fünfzehn bis sech zehn Meilen entfernet ist, die Einfahrt in den Busen St. Lorenz. Die Straße, die sie von Acadia absondert, ist nur fünf gemeine französische Seemeilen lang und eine breit, und heißt die Fronsacstraße. Ihre Länge von Nordost gen Südwest ist nicht volle funfzig Seemeilen, und ihre größte Breite von Ost gegen West nicht über drey und dreyßig. Ihre Gestalt ist sehr unregelmäßig, und sie ist von Seen und Flüssen der-

dergestalt durchschnitten, daß die beyden vornehmsten Theile nur durch eine Erdenge von ungefähr achthundert Schritte zusammenhängen, welche das Ende des Hafens Toulose von vielen Seen absondert, die man Labrador nennet. Diese Seen ergiessen sich gegen Osten durch zwey Canäle von ungleicher Breite in das Meer, welche von der Insel Verderonne, oder la Boularderie, die 7 bis 8 Meilen lang ist, gebildet werden.

Die Himmelsluft in dieser Insel ist mit der zu Quebeck beynahe einerley; und obgleich die Nebel daselbst häufiger sind, so beklaget man sich doch nicht, daß die Luft ungesund sey. Der Boden ist nicht durchgehends gut; indessen trägt er doch Bäume von allerhand Art. Man sieht allda Eichen von einer ungeheuern Größe, Fichten, die gut zu Mastbäumen sind, und allerhand Zimmerholz. Die gemeinsten Bäume ausser den Eichen, sind Cedern, Eschen, Ahornen, Maßholdern und Espen. Die Früchte, und vornehmlich die Aepfel, die Hülsenfrüchte, Waitzen, und alles andere zum Leben nöthige Korn, der Hanf und Flachs sind daselbst nicht in solchem Ueberflusse, noch von so guter Beschaffenheit, als in Canada. Man hat angemerkt, daß die Berge daselbst bis an die Spitze können bebauet werden; daß die guten Felder gegen Mittag abhängen, und vor den Nord- und Nordwestwinden durch Gebirge bedecket sind, die sie an der Seite des Lorenzflusses umgeben.

Alle Hausthiere, Pferde, Ochsen, Schweine, Schafe, Ziegen und Flügelwerk finden daselbst überflüßig zu leben. Die Jagd und Fischerey können die Einwohner ein gut Theil des Jahres ernähren. Diese Insel hat viele reiche Gruben von Steinkohlen in dem Gebirge, und folglich darf man weder tief graben, noch das Wasser ableiten, wie in Auvergne, um die Steinkohlen heraus zu bringen. Man findet daselbst auch Gyps. Ehemals war dieses Eyland voller roth Wildpret, ietzo aber ist es sehr selten, vornehmlich die Elendsthiere. Die Rebhühner sind daselbst fast so groß, als die Fasanen, und kommen ihnen auch den Federn nach sehr gleich. Endlich so kann man daselbst sehr bequem Seewölfe, Merschweine und Seekühe fangen, deren es überaus viele allda giebt. Alle ihre Häfen sind gegen Osten offen, wenn man sich bis gegen Süden in einem Raume von 55 Meilen wendet, und vom Dauphinshafen anfänget bis nach dem Toulousehafen, welcher fast an dem Eingange in die Fronsacstraße liegt. Sonst hat man überall Mühe, einige Ankerplätze für kleine Fahrzeuge in den Buchten oder zwischen den Eylanden zu finden. Die ganze Nordküste ist sehr hoch, und fast unzugäng-

gänglich; und man kann auch an der Westküste bis nach der Fronsacstraße nicht leichtlich anländen. Wenn man aus dieser Straße heraus
kömmt, so findet man anfänglich den Toulousehafen, der vordem unter
dem Namen St. Petershafen bekannt war. Er ist eigentlich zwischen einer Art vom Busen, den man den kleinen St. Peter nennet,
und den St. Petersinseln, den Inseln Madame oder Mourepas
gegen über. Von da trifft man nach Südost zu die Gaboriebay an,
deren Eingang, welcher ungefähr 20 Meilen von den Petersinseln ist,
eine Meile breit zwischen den Inseln und Felsen hat. Man kann sehr
nahe an alle die Inseln hinan kommen, wovon einige anderthalb Meilen
weit in die See hinaus gehen. Diese Bay hat zwo Meilen in der Tiefe,
und der Ankergrund ist sehr gut. Der Hafen Ludwigsburg, sonst
der englische Hafen, ist nur eine gute Seemeile davon entfernet. Er
ist einer von den schönsten in America, hat beynahe vier Seemeilen im
Umfange, und man findet darinnen überall 6 bis sieben Faden Wasser.
Der Ankergrund ist gut, und man kann daselbst auf den Strand laufen,
ohne die Schiffe in Gefahr zu setzen. Seine Einfahrt ist zwischen zwoen
kleinen Inseln, nicht 200 Toisen breit, und man erkennet ihn 12 Meilen
weit in der See an dem Vorgebirge Lorembec, welches gegen Nordost nicht weit davon entfernet ist. Zwo Meilen höher ist der Wallfisch-
hafen, dessen Einfahrt, wegen verschiedener Klippen, schwer ist, die das
Meer bedecket, wenn es wallet. Es können nur Fahrzeuge von 300
Tonnen einlaufen; sie sind daselbst aber in völliger Sicherheit. Es sind
nicht zwo Meilen davon bis an die Bay Panadu oder Menadu, deren Einfahrt ungefähr eine Meile breit ist, und zwo Meilen in der Tiefe
hat. Beynahe gerade gegen über ist die Insel Scatari, sonst klein
Cap-Breton genannt, welche über zwo Seemeilen lang ist. Die
Mirebay ist nur durch eine sehr schmale Erdzunge davon abgesondert.
Ihre Einfahrt ist auch beynahe zwo Seemeilen breit und achte tief.
Sie verengert sich nach dem Maaße, wie man weiter hineinfährt, und
es ergießen sich viele Bäche oder kleine Flüsse in demselben. Die großen
Fahrzeuge können bis auf 6 Seemeilen hinauf fahren, und gute Ankerplätze mit Sicherheit vor dem Winte antreffen. Außer der Insel Scatari giebt es viele andere kleinere und Klippen, die das Meer niemals bedecket, und man von weitem wahrnimmt. Die stärkste von diesen Klippen heist der Forillon. Die Bay Morienne ist darüber von der Mirebay durch das verbrannte Vorgebirge abgesondert; und ein wenig

nig höher ist die **Platte Insel** oder **Flintensteininsel**, gerade unter dem 46sten Grade acht Minuten Breite. Zwischen allen diesen Inseln und Klippen giebt es gute Bedeckungen und Sicherheitsörter, und man kann sich ihnen ohne Furcht nähern.

Wenn man von da drey Seemeilen höher gegen Nordwest hinauf fähret: so findet man den **Indianer**, welches ein guter Hafen ist, allein nur für kleine Schiffe. Von dem Indianer bis an die **Spanierbay** hat man zwo Meilen. Diese Bay ist ein sehr schöner Hafen. Seine Einfahrt ist nur tausend Schritte breit: sie erweitert sich aber immer mehr und mehr, je weiter man kömmt; und nach einer Seemeile theilet sie sich in zwen Aerme, wo man drey Meilen hinauf fahren kann. Beyde sind sehr gute Häfen, die man mit geringen Kosten noch besser machen könte.

Von dieser Bay bis zu der kleinen Einfahrt in den Labrador sind zwo Meilen, und die Insel, die sie von der großen absondert, hat auch so viele. Labrador ist ein Meerbusen, über 20 Seemeilen lang, und 3 bis viere höchstens breit.

Man rechnet nur anderthalb Meilen von der großen Einfahrt in den Labrador, bis an den **Dauphins** oder **St. Annenhafen**. Man liegt in aller Sicherheit zwischen den Insuln Cibu geräumig vor Anker. Eine Erdzunge verschließet den Hafen fast ganz, und läßt nur eine Fahrt für ein Schiff hinein. Der Hafen hat zwo Seemeilen im Umfange; und die Schiffe merken wegen der Höhe des Landes und der Gebirge, die sie umzieben, die Winde kaum; über dieses können sie so nahe ans Ufer kommen, als sie wollen. Da alle diese Häfen so nahe beyeinander sind: so wird es leicht seyn, von einem zum andern Wege zu Lande zu machen. Nichts würde für die Einwohner vortheilhafter seyn, als dergleichen Gemeinschafften, die ihnen im Winter die Mühe ersparen würden, zur See zu reisen.

Ludwigsburg, Louisbourg, sonst der engländische Hafen, Havre à l'Anglois, ist der vornehmste Ort daselbst. Er ist einer von den schönsten Hafen in America. Die Stadt ist klein, aber wohl gebauet und gut befestiget, und die Einfahrt des Hafens wird zur Rechten und Linken durch Batterien mit Stücken vertheidiget. Die Engländer griffen sie 1746 an. Man brauchte zu diesem Unternehmen 4000 Mann zu Lande von den tapfersten Leuten aus Neu-England, die von dem Generale **Pepperel** und dem Generalbrigadier **Waldo** angeführet wurden. Dieser letztere that den ersten Angriff zu Lande; und obgleich der Platz

von

von 266 Stücken grobes Geschützes vertheidiget wurde, welche ein höllisches Feuer auf die Engländer machten; so griffen sie ihn doch mit solcher Unerschrockenheit an, daß er sich nach vierzig Tagen ergab.

Die Sandinsel liegt gegen Südost von dem Eylande Cap-Breton. Die Franzosen hatten sich daselbst gesetzet, sie haben sie aber verlassen, weil es daselbst an süssem Wasser fehlet.

Die Insel St. Johann liegt gegen Westen von der Insel Cap-Breton, und ist nur halb so groß, als die letztere. Sie gehöret den Franzosen zu. Alle beyde gehöreten ehemals zu Neu-Schottland, und waren in dem Freyheitsbriefe des Grafen von Sterling mit begriffen.

Die Insel Anticosti liegt an der Mündung des Flusses St. Lorenz. Die Franzosen haben daselbst den Bärenhafen (le Port aux ours), welcher der beste in der Insel ist.

Die Inseln Bermudes, oder Summer.

Diese Inseln liegen um 32½ Grade Norderbreite, bey nahe dreyhundert Seemeilen gegen Morgen von Carolina. **Johann Bermude**, ein Spanier, entdeckete solche zuerst im Anfange des sechzehnten Jahrhunderts. Der Ritter **Georg Summer** wurde durch die Heftigkeit der Winde dahin verschlagen. Seitdem haben sich die Engländer daselbst niedergelassen, und sind Besitzer davon geblieben. Es sind dieser Inseln eine große Anzahl, und die meisten derselben so klein und so unfruchtbar, daß weder die Spanier, noch die Franzosen sie haben bewohnen wollen. Die größte darunter ist die, worauf man die Stadt **St. Georg** erbauet hat, wovon sie den Namen führet. Das vornehmste, was sie hervorbringt, ist Taback, der weit schlechter ist, als der vom festen Lande; indianisches Korn, vortreffliche Früchte, und Holz, Schiffe und Häuser zu bauen.

Die Luft ist daselbst nicht mehr so rein, als sie vor dem gewesen. Die giftigen Thiere können auf diesen Inseln nicht erzeuget werden, noch leben. Es giebt allda Schildkröten von einer ungeheuren Größe. Diese Inseln sind mit Klippen umgeben, welche das Anländen gefährlich machen. Sie sind den Spaniern so unglücklich gewesen, daß sie dieselben los Diabolos, die Teufel nennen. Sie sind den Donnerwettern und Stürmen sehr ausgesetzet. Ihre größte Unbequemlichkeit ist, daß es ihnen an süssen Wasser fehlet, denn es giebt daselbst weder Bäche, noch Springbrunnen. Man hat Brunnen allda gegraben, um darinnen das

Regenwasser, oder dasjenige zu erhalten, was man aus Carolina dahin bringt. Der König in England ernennet ihren Statthalter und diejenigen, welche den Rath ausmachen. Die Einwohner aber erwählen die Stände oder Abgeordneten zu ihrer Versammlung.

Acadia oder Neu-Schottland.

Acadia ist zur Handlung vortrefflich gelegen. Es ist gleichsam das Vorgebirge des nordlichen America, und giebt die nächste, sicherste und bequemste Niederlage für die westindische Handlung. Die Weite dieses Landes beträgt 250 Seemeilen im Umkreiße, zwischen dem 43 und 46sten Grade Norderbreite. Die Seeströme machen keine Ungelegenheit.

Neu-Schottland wird gegen Westen und Norden von dem Flusse St. Lorenz, gegen Osten von dem Meerbusen St. Lorenz und dem Nordmeere, gegen Süden von eben dem Meere, und gegen Südwest von Neu-England begränzt. Es liegt zwischen dem 43 und 49 Grade Norderbreite; das ist, es enthält die ganze Strecke Landes, welche zwischen Neu-England, dem Flusse und dem Meerbusen St. Lorenz, und dem Nordmeere begriffen ist. Diese Gränzen sind gerade eben dieselben, welche in der Verwilligung bezeichnet sind, die Jacob der I. König in Großbritannien dem Ritter Wilhelm-Alexander 2c. ertheilet hat. Man kann sie in Purgas's Pilgrimage lateinisch sehen.

Die französischen Schriftsteller und neuern Erdbeschreiber geben dieser Landschaft weit engere Gränzen. Sie lassen den Engländern nur die Halbinsel Acadia, und ein sehr kleines Stück von dem Lande gegen Norden, der Bay Fundi und der Erdzunge. Man sehe des Delisles d'Anville und Roberts Karten von den engländischen und französischen Besitzungen in dem nordlichen America.

Der Name.

Diese Landschaft hat von denen verschiedenen Eigenthümern, die sie gehabt hat, verschiedene Namen bekommen. Der Name Acadia ist ihr von den Franzosen, und Nova Scotia von den Engländern gegeben worden. Man sehe la Hontan, die Verwilligung, welche Ludwig der XIII. verschiedenen Eigenthümern unter diesem Namen ertheilte, und den 12ten Artickel des utrechter Friedens,

Die

Die Engländer haben keinen Sitz in America, welcher mehrern Streitigkeiten unterworfen gewesen, und öfters seinen Herrn verändert hat, als dieser. Bald hat er den Franzosen, bald den Engländern zugehöret. Diese letztern haben sich das Eigenthum desselben durch die Entdeckung zugeeignet, welche Cabot im Jahr 1497 unter Heinrichs des VII Regierung davon gemacht hat. Daher hat dieses Land auch im Anfange ein Stück von Virginien ausgemacht; und die westindische Compagnie hat kraft der von Jacob dem I. erhaltenen Urkunde denjenigen, die sie in ihrem Dienste hatten, genauen Befehl gegeben, zu verhindern, daß sich kein Fremder daselbst setzte, es sey unter was für einem Vorwande es wolle.

Es verflossen seit Cabots Entdeckung hundert und fünf Jahre, ohne daß man irgend einen Sitz daselbst anlegte. Die Engländer versuchten im Jahr 1602 einen allda zu errichten. Weil es ihnen aber nicht geglücket hatte; so hielten die Franzosen vermuthlich dafür, die Landschaft wäre von den Engländern verlassen worden: und nachdem sie sich derselben bemächtiget hatten, so begriffen sie dieselbe mit unter Neu-Frankreich oder Canada. Im Jahr 1604 legten sie in der Halbinsel den Grund zu einer Colonie, unter der Anführung des Herrn de Monts, und baueten daselbst Portroyal, heutiges Tages Annapolis-Royale, und im Johr 1613 legten sie an der Mündung des Flusses Pentagoet oder Penobscot, unter ihres Königes, Heinrichs des IV. Regierung, einen andern Sitz an. Kaum hatten diese neuen Ankömmlinge Zeit gehabt, sich fest zu setzen; so erfuhr der Ritter Samuel Argal, damaliger Statthalter in Virginien, von den Indianern, es gäbe an verschiedenen Orten der Provinz Weiße. Er begab sich im Jahr 1618 dahin; und nachdem er Franzosen daselbst gefunden, welche Forts erbauet hatten, so verjagete er sie von da, und zerstörete ihre Wohnungen.

Im Jahr 1621 bewilligte Jacob der I. dem Ritter Wilhelm Alexander Freyheitsbriefe, wodurch er ihm alle Länder dieser Provinz nebst den benachbarten Inseln gab. Dieser Ritter schickte eine Colonie dahin, und Karl der I. errichtete mit der Zeit für diese Provinz einen Orden von Baronets, welcher noch besteht. Der Ritter Alexander gab ihnen Ländereyen, mit der Bedingung, sie in einer bestimmten Zeit zu bevölkern und anzubauen. Weil keiner von ihnen diese wichtigen Bedingungen in ihren Freyheitsbriefen erfüllet hat; so scheint es, daß sie ihrer Ansprüche gänzlich verlustig geworden, die sie darauf hätten machen können.

Im Jahr 1623 trat Karl der I. diese Provinz denen Franzosen durch seinen Vermählungsvertrag mit Henrietten Marien von Frankreich ab.

Als die Engländer 1627 mit ihnen Krieg führeten, nahmen sie ihnen solche weg.

Im Jahr 1630 verkaufte sie der Ritter Alexander an einen französischen Herrn, Claudius de la Tour; und im Jahr 1632 traten sie die Engländer durch den Vertrag zu St. Germain en Laye an die Franzosen ab.

Im Jahr 1654 nahmen die Engländer sie ihnen wiederum weg; und da Stephan de la Tour, des Herrn Claudius de la Tour Sohn und Erbe, das Recht bewiesen hatte, welches er auf das Eigenthum dieses Landes, kraft des Kaufes, hatte, den sein Vater gethan; so sprach ihm der Protector Cromvel solches zu, und erlaubete, daß er desselben genoß.

Im Jahr 1656 verkaufte eben der Stephan de la Tour dem Ritter Thomas Temple und dem Herrn Wilhelm Crown Neu-Schottland. Im Jahr 1662 bewies dieser Ritter das Recht, welches er auf Neu-Schottland hatte, und erhielt von Karln dem II. die Bestättigung nebst der Statthalterschaft auf sein Lebelang *c.*

Im Jahr 1667 erhielt der Ritter Temple Befehl, diese Provinz den Franzosen, kraft des Vertrags, wieder zu geben, welchen diese beyden Nationen in diesem Jahre zu Breda schlossen; und auf die Beweise, die er von seinem unstreitigen Rechte darauf beybrachte, und auf die Forderung, die er that, es möchte ihm eine gewisse Summe zur Schadloshaltung desjenigen, was er theils zur Erkaufung dieser Provinz, als auch zur Erbauung einiger Forts daselbst *c.* aufgewandt, ausgezahlet werden, bewilligte ihm die Regierung die Summe von 16200 Pfund Sterlings, und versprach, ihm solche zu bezahlen. Im Jahr 1674 starb der Ritter Temple, und setzte seinen Neffen, den Herrn John Nelson, zum Erben dieser Provinz.

Im Jahr 1690 nahmen die Engländer den Franzosen Neu-Schottland wiederum weg.

Im Jahr 1697 gab es ihnen der König Wilhelm durch den ryswickischen Frieden wieder.

Im Jahr 1710 eroberten es die Engländer von neuem, und 1712 wurde es ihnen durch den utrecter Frieden abgetreten; und sie haben es bis itzo behalten. Diese Landschaft ist also vielmals aus den Händen der Engländer in die Hände der Franzosen, und aus den Händen der Fran-

Franzosen wieder in die Hände der Engländer nach denen in dem offenen Briefe bezeichneten Gränzen, welchen ursprünglich der Ritter Alexander erhalten, oder auch nach denen Gränzen, die man darauf eingerichtet, und welche sich bis an den Fluß **Penobskot** oder **Pentagoet** erstrecken, und wie es in dem 12 Artickel des utrechter Friedens heißt, **nach seinen alten Gränzen** gekommen. Man kann nachsehen, was der P. **Charlevoix** in seiner Hist. de la NouvelleFrance I und II Theile saget, und was in in the Conduct of the French with regard to Nova Scotia etc: steht, welchen ein Ungenannter aufgesetzet, und Th. Jefferys zu London heraus gegeben hat.

Im Jahr 1730 verkaufte Johann Nelson diese Landschaft, und überließ das Recht darauf dem Herrn Samuel Waldo, einem Edelmanne aus Neu-England, welcher sich itzo rechtmäßigen Besitzer davon nennet. Weil aber die Regierung seit einigen Jahren mit vielen großen Kosten Leute dahin gebracht, sich daselbst zu setzen, und Soldaten, das Land zu vertheidigen; so hält es um die Bezahlung der 16200 Pf. Sterlinge an, welche man dem Herrn Ritter Thomas Temple schuldig gewesen, oder daß seine Majestät belieben möchten, ihr andere Ländereyen in America zu Schadloshaltung derer in dieser Provinz zu bewilligen, und man zweifelt nicht, daß sie solche nicht bald erhalten werde.

Im Jahr 1749 einige Monate nach geschlossenem aachener Frieden, schrieb der Generalgouverneur aus Canada einen förmlichen Brief an den Statthalter in Neu-Schottland, um ihm die Ansprüche anzudeuten, welche Frankreich auf den nordlichen Theil dieser Landschaft machet. Der in Martinique hat an den Statthalter zu Barbade einen andern, fast von gleichem Innhalte, wegen der Insel **Tabago** geschrieben.

Die Beschaffenheit.

Die Luft in Neu-Schottland ist wegen der Gehölze und Gebirge, die es daselbst giebt, kalt, aber rein und gesund. Das Land bringt Getreide, Früchte, Gartengewächse, Hanf, Kupfer und Eisen. Die Weinstöcke tragen daselbst Trauben von sehr gutem Geschmacke. Das Holz, welches zur Erbauung der Schiffe und zu Masten dienet, übertrifft dasjenige an Güte, was wir in Europa haben. Die Weiden sind daselbst vortrefflich. Die Wasser sind daselbst klar und leicht, und das Waidwerk und die Fischerey sehr reichlich. Die Bieber und die Fischottern sind in großer Anzahl daselbst. Die Flüsse daselbst sind tief, und haben
einen

einen Ueberfluß an Lachsen und Stören. Das Meer an diesen Küsten hat auch einen Uberfluß an Heringen, an den besten Stockfischen von der Welt, und an Wallfischen. Neu-Schottland ist den Engländern von der äußersten Wichtigkeit. Es dienet gegen Norden, wie Georgien gegen Süden, denen andern Colonien, die dazwischen sind, zur mächtigen Vormauer wider die Anariffe der Franzosen.

Die beyden vornehmsten Völker, welche ursprünglich in diesem Lande wohneten, waren die **Soutiquen** und **Etcheminen**. Sie sind heutiges Tages auf eine so kleine Anzahl gebracht, daß sie nicht vermögend seyn würden, die Engländer zu beunruhigen, wofern sie nicht von den Franzosen dazu angetrieben würden, wenn diese beyden Nationen Krieg mit einander führen.

Die Halbinsel hängt übrigens an Neu-Schottland durch eine Erdzunge von vier Meilen breit, und wird gegen Westen durch die Bay Fundi davon abgesondert, welche die französischen Erdbeschreiber die französische Bay, und die grüne Bay gegen Osten nennen.

Die Regierung von England machte sich der Einziehung und Verminderung der Truppen und Schiffe in diesem Königreiche nach dem letztgeschlossenen Frieden zu Nutze, um die Colonie in Neu-Schottland zu vermehren, und so vielen abgedankten Leuten Brod zu geben. Sie both den Officieren, Soldaten, Matrosen und andern, die dahin gehen, und sich allda setzen wollten, Ländereyen an, wovon sie innerhalb zehen Jahren nicht die geringsten Abgaben bezahlen sollten. Die Regierung versprach noch über dieses, die Kosten zur Ueberfahrt, zur Ernährung und Unterhaltung der neuen Einwohner ein Jahr lang nach ihrer Ankunft zu tragen, und es sollten ihnen Gewehr, Lebensmittel, Hausgeräthe, Werkzeuge u. d. g. gereichet werden. Dieser Entwurf wurde von dem Mylord **Halifax**, erstem Commissar bey dem Handlungs-und Plantagengerichte gemacht. Das Parlament hat über vierhundert tausend Pfund Sterlings zur Vergrößerung dieser Colonie bewilliget. Man zählet darinnen auf fünftausend Einwohner, außer denen Truppen, die man dahin geschickt hat.

Die vornemsten Flüsse sind **St. Johann** und **St. Crux**.

Die merkwürdigsten Oerter sind auf der Halbinsel **Acadia**, nämlich:

Annapolis sonst **Portroyal** an der Bay Fundi. Es kann daselbst nur ein Schiff auf einmal einlaufen, und man muß mit dem Hintertheile zuerst, und mit unendlicher Vorsichtigkeit einrücken. Dieses kömmt von der Gewalt der Ströme und der Fluth. Außerdem hat die Natur fast nichts gesparet, einen der schönsten Häfen in der Welt daraus zu machen.

Gegen Südwest liegt das, den Seeleuten sehr bekannte **Sandcap.**
Halifax, im 14 und ¼ Grad Norderbreite gegen Süden von der Halbinsel in der Bay Chiductu, an dem Nordmeere, ist heutiges Tages die Hauptstadt und der Sitz des Statthalters der Provinz. Diese Stadt ist seit wenigen Jahren unter der Regierung des Herrn Cornwallis erbauet worden, und führet den Namen des Grafen von Halifax, des großen Beförderers der Colonie. Im Jahr 1749 stunden bereits 350 Häuser da, und man hoffte, es würden noch vor Winters weit mehrere unter das Dach kommen.

Das Parlament bewilligte sehr ansehnliche Summen zur Vergrößerung dieser Pflanzstadt. Eben in demselben Jahre, darinnen die ersten neuen Einwohner nach dem Friedensschlusse dahin abgiengen, gab es zu dieser Einschiffung und für andere Unkosten der Unternehmung, eine Summe von 40000 Pfund Sterlings, oder 227000 Thlr. Im Jahr 1750 gab es zu eben diesem Ende noch 57582 Pfund, 19 Schillinge, 3½ Pfennig, oder ohngefähr 326298 Thaler; und im Jahre 1751 eine abermalige Summe von 53927 Pf. 14 Schill. 4 Pf. oder 306242 Thl.

Cameau ist ein Posten gegen Nordost an der Bay und Meerenge dieses Namens, der Insel Cap-Breton gegen über, welchen die Franzosen den Engländern weggenommen haben. Selbst auf der Erdzunge sind zwey Forts: eins gegen Norden an der grünen Bay; das andere gegen Süden an der Bay Fundi, welche die Franzosen erbauet haben, um die Engländer zu verhindern, daß sie nicht von der Halbinsel in das feste Land gehen.

Die **Suriqven** oder **Minnacken** sind nach der Erdbeschreiber Meynung einerley Volk unter verschiedenen Namen. Ob ihrer gleich nur eine kleine Anzahl ist; so haben sich die Franzosen derselben doch nützlich bedienet, um die Niederlassung der neuen Einwohner zu verzögern, und sie ohne Unterlaß anzuwacken. Viele von diesen letztern sind hingerichtet oder geschunden worden: das ist, man hat ihnen die Haut mit den Haaren vom Kopfe gezogen, welche barbarische That von allen Wilden dieses festen Landes ausgeübet wird. Die andern, welche durch diese Grausamkeiten erschreckt worden, haben sich nicht getrauet, sich auszubreiten, die Ländereyen anzubauen, und sind noch in sehr kleinen

nen Gränzen eingeschlossen, ob sie gleich in einem Lande von einem sehr großen Umfange sind.

Die **Hizebay** (Baie des Chaleurs) ist gegen Süden von der Halbinsel Gaspesie. Sie wird von der großen Hitze so genannt, die daselbst im Sommer ist. Sie hat einen Ueberfluß an Lachse, Stockfischen und Meerschweinen.

Gaspesie ist die Halbinsel oder das nördlichste Land von Neu-Schottland, welches von dem Flusse und dem Meerbusen St. Lorenz und der Hitz bay gewässert wird. In dieser Gegend sind die hohen Gebirge unserer lieben Frau, von da man gute Masten holet.

Das **Rosenstockvorgebirge**, (Cap des Rosiers) ist das östlichste Land dieser Halbinsel. Gegen Norden des Eolandes **Bonaventura** liegt die **durchbrochene Insel**, (Isle percée) welche den Schiffern sehr bekannt ist, die nach Canada fahren. Weil sie so klein ist; so habe ich sie auf dieser Karte nicht vorstellen können.

Der **Fluß St. Johann** ist ein großer und schöner Fluß, welcher seine Quelle in einer kleinen Entfernung von dem Lorenzflusse, Queber gegen über, hat. Die Franzosen haben seit dem aachener Frieden zwey Forts, eines an seiner Mündung, das andre ein wenig höher erbauet, wodurch sie Herren von den Indianern am Johannisflusse sind, und stets einen freyen Weg haben. Sie haben oftmals Leute und Kaufmannswaaren von Frankreich nach Quebec, und von Quebec nach Frankreich durch diesen Fluß gehen lassen, damit sie nicht durch den Lorenzfluß gehen dürften, der wegen der Ströme, Klippen und Sandbänke darinnen sehr beschwerlich und höchst gefährlich, und nur seit dem Monate May bis zum Weinmonate wegen der Nebel und des Eises schiffbar ist; da hingegen der Johannsfluß solches den ganzen Winter ist.

Die **Bay oder der Meerbusen St. Lorenz** ist ein Stück von dem Nordmeere. Dieser Busen ist zwischen der Insel Neuland, (Terre neuve) Cap Breton, Neu-Schottland, und den Küsten des Landes der Esquimaux eingeschlossen. Er erhält seinen Namen von dem Lorenzflusse, der sich in denselben ergießt.

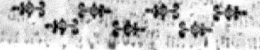

Neu-

Neu-England.

Es hat Neu-Schottland gegen Nordosten, das Weltmeer gegen Osten und Süden, Neu-York gegen Süstwesten und Canada, und Canada gegen Nordwesten, wovon es durch den Lorenzfluß abgesondert wird.

Es liegt zwischen dem 41 und 45 Grade Norderbreite.

Ob es gleich unzweifelhaft ist, daß *Sebastian Cabot* das nordliche America unter Heinrichs des VII Regierung, vier oder fünf Jahre darnach, entdecket hat, da Christoph Columbus das mittägliche America erfunden; und daß der Ritter *Walther Roleigh* und andere in Virginien und diesem Lande gewesen; so scheinet man doch gleichwohl nichts zuverläßiges von seiner Entdeckung oder seiner Handlung zu haben, bis auf die Reise, welche Bartholomäus Gosnold im Jahr 1602 dahin gethan hat. Er traf mit den Indianern einen sehr vortheilhaften Tausch, und bey seiner Zurückkunft nach England sagete er so viel Gutes von dem Lande und seinen Einwohnern, daß er Kaufleute und andere angesehene Personen vermochte, daselbst einen Sitz anzulegen. Sie wurden durch einen Freyheitsbrief von Jacob dem I. im Jahr 1606 dazu berechtiget. Die Handelsgesellschaft, welche solches unternahm, hieß von der Stadt Plymouth, worinnen die meisten Glieder derselben ihre Wohnung hatten, die *plymouther Compagnie.* Unter der Zeit, da die Compagnie über den glücklichen Erfolg, den sie gehabt hatte, sehr vergnügt war, ereignete sich ein sehr verdrießlicher Zufall, welcher ihre Sachen sehr in Unordnung brachte. Ein Schiffshauptmann in ihren Diensten, der sich gern bald bereichern wollte, zog sieben und zwanzig Indianer an seinen Bord. So bald er sie hatte, lichtete er den Anker und führete sie nach Malaga, wo er sie einen jeden für 20 Pf. Sterlings verkaufte. Diese Treulosigkeit erbitterte ihre Landsleute dergestalt wider die Engländer, daß sie sogleich aufhöreten, die geringste Gemeinschaft mit ihnen zu haben, und sich entschlossen, die Beleidigung zu rächen, die sie von ihnen erhalten hatten. Der Krieg, welcher nach der Zeit unter ihnen gewesen, und die verschiedenen Hindernisse und Widerwärtigkeiten, welche die Compagnie antraf, nöthigten sie, dieser Niederlassung zu entsagen. Indessen unternahmen andere Kaufleute, dahin zu gehen und zu handeln; und eine gewisse Anzahl Independenten, die von dem Herrn *Robinson,* ihrem Prediger, geführet wurden, begaben sich dahin, und baueten daselbst eine Stadt im 42 Grade der Breite, welche sie Neu-Plymouth nannten. Diese Anzahl wuchs von Tage zu Tage, und wurde eine sehr blühende Pflanzstadt. Sie erhielt einen Freyheitsbrief, wodurch sie die Macht hatte, sich einen solchen Stadthalter, einen solchen Rath, und solche obrigkeitliche Personen zu erwählen; ja auch so gar solche Gesetze zu machen, als ihr belieben würden, wenn sie nur nicht den engländischen zum Nachtheile gereichten, und den Vorrechten der Krone zuwider wären. Diese von dem Könige bestätigte und aufgemunterte Niederlassung erregte andere Personen, den Fußtapfen der erstern zu folgen. Man machte Entwürfe, daselbst neue Niederlassungen zu errichten, und begab sich in diese neue Welt. In weniger als zehn Jahren befanden sich über 4000 Colonisten daselbst, und diese Anzahl wuchs in weniger als hundert Jahren bis auf 400000 und drüber, ungeachtet der Hindernisse, die sie antrafen, und der Kriege, die sie mit den Indianern führeten. Diese letztern sind itzo nur in so kleiner Anzahl daselbst, daß man sie alle kennet. Sie lassen ziemlich wohl mit sich umgehen, wenn man ihnen nur gut begegnet. Neu-England ist heutiges Tages die mächtigste Colonie in America. Seine Reichthümer und seine Macht sind zu einem solchen Puncte gediehen, daß er den Staat, aus welchem es seinen Ursprung genommen, eifersüchtig machet.

Die Geschichtschreiber erzählen ein merkwürdiges Stück von der Billigkeit der Puritaner, die sich in America niederließen. Sie konnten sich ihrer Anzahl und ihres Freyheitsbriefes bedienen, um sich den bequemsten Ort an den Küsten auszusuchen, wo sie sich setzeten, ohne auf die Gerechtsamen der Wilden Acht zu haben, denen dieses Land von Natur zugehörete. Sie wollten aber lieber das Erdreich, welches ihnen nöthig war, von solchen kaufen, und sahen den Freyheitsbrief nur als eine Erlaubniß ihres Herrn an, welche sie berechtigte, mit diesen Wilden Unterhandlung zu pflegen. Es fehlet sehr viel, daß die Spanier das Recht der Natur so weit beobachtet haben. Anstatt daß sie die Länder, welche sie in diesem festen Lande besitzen, für einen mäßigen Preis hätten erlangen können, haben sie die Waffen gebrauchet, und entsetzliche Blutbäder angerichtet, um sich den Besitz derselben zu versichern.

Die Luft ist daselbst sehr gesund: und ob gleich das Land mitten in dem gemäßigten Erdgürtel liegt, und eben der Mischung der Luft genießen sollte, als der mittägliche Theil von Frankreich; so erfährt man doch das Gegentheil. Die Kälte ist daselbst im Winter heftig und anhaltend, und die Hitze im Sommer übermäßig. Neu-England ist fruchtbar an Flachse, Hanfe, indianischen Korne, Getraide, Gartengewächsen und Früchten. Auf den Feldern giebt es viel Wildpret, und in den Flüssen und an der Küste viel Fische. Der Stockfisch- und Wallfischfang geschieht an dieser Küste, so wie an der Küste von Neuland.

Die vornehmsten Waaren, die man aus dem Lande holet, sind Pelzwerke, vornehmlich Bieber und Elendshäute, Mastbäume und Holz zum Schiffbau, welches besser ist, als das norwegische, Mehl, Zwieback, getrocknete Hülsenfrüchte, verschiedene Arten Körner, Salz, Peckelfleisch, Fische, unter andern frischen und treugen Stockfisch, und eingesalzene Makrelen, Hanf, Flachs, Pech, Theer u. d. g.

Alle Zahlung in dieser Provinz und in den andern engländischen Colonien geschieht in papierner Münze, welche man Provinzbillen oder Creditbillen (Bills of Credit) nennet.

Die Güte des Landes, die sanfte Regierung, die Beobachtung seiner vortrefflichen Gesetze, sind Dinge, die ganz Europa bekannt sind. Es begeben sich von allen Orten und Enden protestantische Familien dahin. Seit dreyen Jahren hat der Herr Generalbrigadier Waldo über tausend Personen auf seine Ländereyen geschickt, deren jeder er hundert bis 200 Morgen Acker umsonst gegeben hat.

Die Regierung in Neu-England ist republikanisch, obgleich der König zween Statthalter daselbst hat. Alle Macht besteht bey der allgemeinen Versammlung der Provinz, welche aus ungefähr hundert Personen oder Abgeordneten der Städte und Kraise besteht.

Man duldet in diesem Lande weder liederliche Leute, noch Herumläufer, noch Bettler. Man trägt besonders Sorge für die Erziehung der Kinder. Ein jeder Ort, wo funfzig Familien sind, ist verbunden, eine Schule zu halten, um sie lesen, schreiben, rechnen, und das Christenthum zu lehren; und an denen Orten, wo es hundert Familien giebt, lehret man sie auch die Sprachkunst *c*. so, daß es in der ganzen Provinz kein Kind von neun bis zehn Jahren giebt, welches nicht lesen, schreiben und seinen Catechismus könne. Ich verweise die Neugierigen auf die Beschreibung, welche der Herr Neal von den engländischen Besitzungen in America in zween Octavbänden heraus gegeben hat, und auf die kurze historische und politische Nachricht von den brittischen Niederlassungen in Nord-America (Summary historical and political of the British Settlements in North-America) von W. Douglas, M. D.

Dise

Dieſe Provinz wird in vier Hauptcolonien eingetheilet, wovon dreye ihre beſondern Freyheitsbriefe und ihre verſchiedenen Regierungsformen haben. Sie gehen von Süden gen Norden, und enthalten ohngefähr 200000 Seelen in ſich. Sie heißen:
1. Connecticut, gegen Südweſt.
2. Die Inſel Rhode und Providence, gegen Südoſt.
3. Die Maſſachuſetsbay, dieſen beyden gegen Norden.
4. Neu-Hampſhire, gegen Norden.

Ihre vornehmſten Flüſſe ſind Connecticut, Merrimak, Saco, Penebſcot ꝛc.

1. Connecticut.

Die Provinz oder Colonie Connecticut hat ihren Namen von dem Fluſſe Connecticut, welcher gegen Norden queer durchgeht. Sie kann dreyßig tauſend Mann in Waffen ſtellen. Newhaven iſt die vornehmſte Stadt darinnen.

2. Die Inſel Rhode und Providence.

Die Provinz oder Colonie, die Inſel Rhode und Providence genannt, hat die Inſel Rhode ungefähr 15 bis 16 Meilen lang, und vier bis fünfe breit. Man nennet ſie das Paradies von Neu-Engeland, wegen ihrer Fruchtbarkeit und guten Luft. Sie treibt einen großen Handel mit den engländiſchen Inſeln. Newport iſt die vornehmſte Stadt darinnen. Sie hat einen guten Hafen, welcher durch eine Feſtung vertheidiget wird, die mit dreyßig Stücken beſetzet iſt.

3. Die Maſſachuſetsbay.

Die Provinz oder Colonie Maſſachuſetsbay begreift New-Plymouth, die Provinz Main und diejenige Strecke Landes, welche zwiſchen dieſer letztern Provinz und Neu-Schottland liegt, und vordem die Königs- oder Herzogsprovinz, heutiges Tages aber der Arais und nicht die Provinz Sagadahork genannt wird. Maſſachuſetsbay iſt die mächtigſte und älteſte unter allen Colonien.

Boſton gegen Oſten, 42½ Grad Norderbreite iſt die Hauptſtadt von Neu-Engeland, und die größte Stadt, die unter allen engländiſchen Beſitzungen in America am ſtärkſten Handlung treibt. Der Eingang dazu iſt ſchwer, und wird von zwoen Batterien mit Stücken vertheidiget. Die bostoner Bay ist vermögend, alle Fahrzeuge aus England zu enthalten. Die Masten der Schiffe scheinen zu gewissen Zeiten des Jahres daselbst eben so, wie auf der Themse, einem Walde gleich. Boston hat ungefähr dreyßig tausend Einwohner, wovon die Hälfte Nonconformisten sind. Sie ist zwo englische Meilen lang, und an einigen Orten drey viertel Meilen breit. Die Straßen sind breit und wohl gepflastert, und die Häuser gut gebauet, einige von Ziegeln, andre von Holze. Der Statthalter der Provinz hat daselbst seinen Sitz. Bistol, gegen Süden ist sehr ansehnlich und sehr bevölkert; nach Boston treibt diese Stadt die stärkste Handlung in Neu-England.

4. Neu-Hampshire.

Die Provinz oder Colonie **Neu-Hampshire** liegt zwischen dem Flusse **Kennebec** gegen Osten, und Neu-York gegen Westen. Der König ernennet daselbst den Statthalter, den Unterstatthalter und die andern Officiers. **Porthsmouth** ist die Hauptstadt darinnen. **Cowas** oder **Cohasser** an dem Flusse Connecticut ist ein Fort, das von den Franzosen nach dem aachner Frieden erbauet worden.

Gegen Norden der Provinz, und an dem Ufer des Flusses St. Lorenz, zwischen dem Flusse Sorel und der Insel Orleans sind viele Dörfer von den Franzosen, seit dem utrechter Frieden, erbauet worden. An der Mündung des Flusses Sorel auf dem Peterssee ist das Fort **Richelieu.**

Die Provinz **Main,** woraus gewisse Schriftsteller eine besondere Provinz machen, erstrecket sich gegen Nordost bis an den Fluß Penebscot. Weil sie den Angriffen der Franzosen und Indianer ausgesetzet ist; so werden die meisten Städte daselbst durch Festungen vertheidiget, die man in gutem Stande zu unterhalten bedacht ist. Die Franzosen haben unter den Indianern an den Flüssen Penebscot und Kennebec, Glaubensboten: und obgleich dieser Indianer nicht über dreyhundert an der Zahl sind; so thun sie doch von Zeit zu Zeit denen Colonisten, die sich gegen Osten dieser Provinz gesetzet haben, großen Schaden.

Cap Cod ist das berühmte Vorgebirge gegen Südost von Neu-England.

* * *

Neu-York.

Diese Landschaft liegt zwischen Neu-England gegen Osten, dem Nordmeere und Neu-Jersey gegen Süden, Pensylvanien und dem See Ontario gegen Westen, und eben dem See und dem Flusse St. Lorenz gegen Norden, zwischen dem 40 und ½ und dem 46 ½ Grade Norderbreite.

Man nannte sie vor dem **Neu-Schweden**, weil sich die Schweden daselbst unter der Regierung der Königinn Christina setzten. Die Holländer, welche sich derselben darauf bemächtigten, hießen sie **Neu-Niederland**. Sie hatten solche von dem engländischen Seefahrer, Hudsons, gekaufet, welcher sie entdeckte, und mit ihnen im Jahr 1608 handelte. Ungeachtet der Widersetzung des Königes in England, Jacobs des I. wider diesen Verkauf, hatten sie dennoch nicht unterlassen, sich in dem an sich gebrachten Lande zu setzen. Sie genossen desselben bis 1618 oder 1619 ruhig, da Sir Samuel Argal, Statthalter in Virginien, ihre Pflanzungen angriff und sie zerstörete. Indessen gab ihnen Jacob der I. an den sie sich wandten, die Erlaubniß, sich auf eben den Küsten zu setzen, wovon er sie verjaget hatte. Im Jahr 1667 gaben sie diese Provinz den Engländern durch den bredaer Frieden wieder. Während des kurzen Krieges, welchen England mit Frankreich vereiniget im Jahr 1672 den Generalstaaten ankündigte, erlangten diese 1673 Neu-York wieder: sie gaben es aber das folgende Jahr, da der Friede mit Großbritannien geschlossen wurde, zurück.

Diese Provinz, welche 200 Meilen in der Länge, und etwa funfzig in der Breite hat, enthält über 10000 Seelen. Sie erhielt den Namen York von dem Herzoge von York, Karls des II. Bruder, welchem sie dieser Herr im Jahr 1664 gab. Der König schicket einen Statthalter dahin.

Die Luft ist daselbst gesund und gemäßiget. Der Boden ist fruchtbar an Getraide. Die Wälder sind voller Wildpret. Das Holz ist sehr dienlich zum Schiffbaue. Die indianischen Völkerschaften in diesem Lande bedecken sich des Winters mit Häuten von einigen Thieren, und des Sommers mit einer leichten Haut, oder gehen fast ganz nackend. Diese Völker sind, wie die in Neu-England, sehr schwarzbraun, wild, abgöttisch, und handeln mit den Engländern mit Häuten von Elendothieren, Bären, Fischottern und Bibern.

Der Fluß Hudson ist der beträchtlichste in Neu-York.

Die lange Insel gegen Südost hat fast 150 engländische Meilen von Morgen gegen Abend, und ist sehr fruchtbar an Körnern und Früchten.

Neu-York, die Hauptstadt, liegt in einer kleinen Insel an der Mündung des Flusses Hudson. Die Holländer nannten sie sonst Neu-Amsterdam. Der Statthalter der Provinz hat daselbst seinen Sitz. Die Stadt wird von einem Magistrate und andern Beamten, wie die Zünfte in den engländischen Städten sind, regieret. Diese Stadt ist die angenehmste in dem ganzen engländischen America. Sie hat über 1000 Häuser, und auf 7000 Einwohner. Die Häuser sind daselbst von Ziegeln und Steinen, nach holländischer Art gebauet.

Albany, sonst Fort Orange, gegen Norden an dem Flusse Hudson, ist die Niederlage der Einwohner dieser Colonie, was den Pelzhandel betrifft. Es finden sich daselbst fast dreyhundert Familien, meist Holländer. Es ist der gewöhnliche Ort zu den Unterredungen, die man mit den Sachemen oder Häuptern der Indianer hält.

Die ganze Strecke Landes gegen Norden zwischen den Seen Ontario, St. Sacrament, und Champlain und den Flüssen Sorel und St. Lorent haben gegenwärtig die Franzosen inne, welche sich seit dem utrechter Frieden in den Besitz desselben gesetzet haben. Sie haben daselbst 1725 eine schöne Festung an die Stelle des Forts Crown-point, welches sie den Engländern weggenommen, gebauet, und nennet man solche St. Friedrich. Gegen Norden des Sees Champlain haben sie das Fort Chambli, und gegen Norden das Fort Sorel an dem Peterosee.

Neu-Jersey.

Diese Provinz gegen Südwesten von Neu-York, ist von geringerm Umfange. Sie liegt zwischen dem 39 und 41¼ Grade Norderbreite. Gegen Süden wird sie von den Mündungen des Flusses Delawar, des Flusses Hudson u d dem Weltmeere begränzt. Sie hat eben die gemäßigte Himmelsluft und eben die Beschaffenheit, die Neu-York hat.

Sie wurde von den Schweden entdecket, welche sich daselbst niederließen, und sie Neu-Schweden nannten. Die Holländer, denen dieses Land wegen der Nachbarschafft mit Neu-Holland wohl gelegen war,

war, vertrieben die Schweden daraus, und erhielten es, bis es die Engländer vollends eroberten. Diese letztern begriffen es unter Neu-York, wovon es der mittägliche Theil war. Man gab ihm den Namen Neu-Jersey, als man es von dem nordlichen Theile abriß. Der König ernennet den Statthalter darinnen ꝛc.

Man theilet Neu-Jersey in das östliche und westliche. Das östliche ist am stärksten bevölkert und am besten bebauet. Die vornehmsten Städte, die man darinnen findet, sind Elisabethtown und Schrewsburg. Der westliche ist nicht so bevölkert: er ist aber in Ansehung des Handels eben so vortheilhaft gelegen, als der östliche.

Vor vierzehen Jahren zählte man sechzehn tausend Einwohner darinnen, worunter dreytausend im Stande waren, zur Vertheidigung des Landes die Waffen zu ergreifen. Damals waren nur zweyhundert Indianer da. Man kann von dem Anwachse seines Handels aus dem Anwachse seiner Einwohner urtheilen.

Pensylvanien.

Pensylvanien hat Neu-York gegen Nordost, Neu-Jersey gegen Osten, Maryland gegen Süden, und die sü f indianischen Nationen gegen Norden und Westen, zwischen dem 38 und 43 Grade Norderbreite. Die Himmelsluft und das Erdreich sind fast eben so, wie in Neu-Jersey. Im Sommer ist es daselbst sehr heiß, und im Winter oftmals sehr kalt. Das Land bringt einen Ueberfluß an Getraide, andern Körnern, Früchten, Hülsenfrüchten, Vieh, Wildpret, Fischen u. d. g. Seinen Namen hat es von Wilhelm Pen, von der Seite der Zitterer, dem das Eigenthum und die Regierung von dem Könige Karl dem II. im Jahr 1681 in Ansehung der Dienste seines Vaters, des berühmten Ritters Wilhelm Pen, gegeben wurde. Es hieß Neu-Niederland, als es die Holländer im Besitze hatten. Als Wilhelm Pen daselbst anlangete: so begnügete er sich nicht bloß mit dem Verwilligungsbriefe, den ihm der König dazu gegeben hatte; sondern wollte es auch noch von den Oberhäuptern oder indianischen Fürsten selbst kaufen. Dieses gab ihm denn vollends ein unstreitiges Recht auf das Land.

Pensylvanien ist heutiges Tages sehr bevölkert. Es ist merkwürdig, daß dessen Einwohner mit keinem einzigen von ihren Nachbarn, sie mögen Christen oder Indianer seyn, Krieg geführet haben, seit dem sich

Wilhelm Pen daselbst niedergelassen. Es enthält über hundert und funfzig tausend Einwohner. Sie genießen daselbst großer Privilegien. Die Regierung ist allda sehr sanft. Die Engländer sind daselbst in größerer Anzahl, als die andern Nationen. Es giebt auch Pfälzer, Schweden, Holländer, Franzosen und Negern darinnen, und die herrschende Religion dieses Landes ist die Secte der Quacker.

Man theilet Pensylvanien in sechs Graffschaften.

Seine vornehmsten Flüsse sind **Delawar**, und **Sasquahanough**. Der **Ohio** entspringt daselbst.

Philadelphia ist die Hauptstadt darinnen. Sie ist eine von den am besten gelegenen und am besten durchschnittenen Städten in der Welt. Die Gassen darinnen sind breit und gerade. Alle Häuser sind mit Mauren- oder Backensteinen bis in die vier Stock hoch aufgeführet, auch mit Schindeln von Cedernholz gedecket. Man hat um dieselbe schon fast einen Tag zu gehen, und werden alle Jahre in dieser Stadt gegen 300 Häuser neu aufgerichtet, und man zählet ihrer schon über zweytausend. Man glaubt, sie werde mit der Zeit eine der größesten Städte in der Welt werden. Ihre Hauptsprache und Landrecht ist englisch. Sie bekommt keine Mauer noch Wälle, weil man es für unnöthig hält. Zu beyden Seiten hat sie zwey schiffreiche Wasser, gegen Morgen die schon gemeldete **Delawar**, und gegen Mitternacht den Fluß **Schulkül**, welche beyde unter der Stadt in die Revier fallen. Es werden daselbst am Wasser viele große und kleine Kauffartheyschiffe gebauet. Die Handlung dieser Stadt und des Landes, nach andern Ländern und Colonien, vermehrt sich jährlich merklich, und bestehet meherentheils in Früchten, Mehl, Welschkorn, Taback, Honig, vielerley Wildhäute, mancherley kostbaren Pelzwerk, Flachs, und sonderlich sehr vielem Flachs oder Leinsaamen, auch fein geschnittenen Holz, Pferden, allerhand zahmen und wilden Vieh. Dargegen bringen die von ferne kommenden Schiffe allerhand Güter ein, als: allerley Weine, spanischen, portugisischen und teutschen; ferner, Zucker, Thee, Coffee, Reis, Rum, das ist, ein Brantwein aus Zucker gebrannt, Mallasis; fein porcellán Gefäße, holländisch und englische Tücher, Leder, Leinwand, Zeuge, Seidenwaaren, Damast, Sammet u. d. gl. Es ist in Pensylvanien wirklich schon alles zu haben, was in Europa zu bekommen, weil alle Jahre so viel Kauffartheyschiffe daselbst anfahren. Es kommen Schiffe aus Holland, Alt- und Ney-England, Schottland, Irrland, Spanien, Portugall, Maryland, Newyork, Carolina, West- und Ostindien an. Unter Westindien verstehet man in Pensylvanien so wohl das spanische und portugisische America, als auch die americanische Inseln, sie mögen den Engländern oder andern Nationen gehören.

In Philadelphia ist ein neu erbaut prächtiges Court oder Stadthaus, welches sehr hoch, vier Thürn und vier Eingänge hat. Es ist 100 Schuh lang und 100 Schuh breit, stehet frey, und hat an denen vier Seiten hohe englische Tafelfenster. In dieser Stadt seynd auch schon acht Kirchen, drey englische, drey teutsche, eine schwedische, und eine Quäckerskirche. In der letztern kann man öfters eine Weibsperson in englischer Sprache hören und sehen predigen, aber niemanden von dieser Classe singen hören, weil sie nichts vom singen halten. Nach geendigter Predigt tritt derjenige hervor, welcher etwas wider dieselbe einzuwenden hat, und erkläret seine Meynung; da kann man öfters zwey Personen vor der ganzen Versammlung disputiren hören, welches zuweilen länger als die Predigt währet.

Es ist in dieser Stadt auch schon ein Gymnasium erbauet, worinnen mancherley Sprachen tractiret werden: denn es sind in dieser Stadt und in diesem Lande, Leute aus allen Theilen der ganzen Welt zu sehen, sonderlich Europäer, und könnte man derer mehr denn ein hundert tausend zählen. Die größte Anzahl der Innwohner von Pensylvanien sind die Teutschen. Es studiren auch in gedachtem Gymnasio viele von denen Teutschen in unterschiedlichen Sprachen.

Im Jahr 1731 belief, zu folge der Todtenliste, die Anzahl der Einwohner zu Philadelphia sich auf 12240 Seelen. Schwerlich wird sie zu Exeter in England sonderlich größer seyn. Gleichfalls erhellet aus dem Zollregister vorhin besagter Stadt, daß vom 25 Merz 1736, 199 Fahrzeuge in ihren Hafen einliefen, dagegen aber 212 ausliefen. Unter die letztern gehöreten 53 Schiffe, 21 Schaluppen, und 53 Brigantinen. Im Jahr 1730 liefen nur 161 Fahrzeuge in den Hafen, und nur 171 aus selbigem in die See.

Die Iroquesen, die tapfersten unter den wilden Völkern, bewohnen das Land, welches zwischen Neu-York, Pensylvanien, dem See Erie und Ontario, und dem Flusse St. Lorenz liegt. Sie sind kriegerisch, aber grausam, so daß sie auch ihren Feinden das Blut aussaugen. Sie sind in fünf Völkerschaften getheilet, welche die **Mohawken** oder **Agnies, die Oneidas, die Onondagas, die Cayugas, die Seme-**

E

kas

tas sind, denen die Cuscaroras beygefüget werden, welche die sechste
Völkerschaft ausmachen. Eine jede von ihnen stellet eine besondere Republik vor, und hat ihr großes Dorf oder ihre Cabane in der Entfernung
von 20 bis 30 Seemeilen. Diejenigen, welche sie überwunden haben,
zahlen ihnen eine Schatzung, welche zween von ihren Alten jährlich einnehmen. Die Anzahl dieser Indianer mag sich wohl auf sechzehn tausend belaufen. Wenn man aber die Greise, die Weiber und Kinder
davon abzieht; so bleiben nicht über funfzehnhundert im Stande, sich zu
schlagen. Ihre Sprache ist fast einerley. Ihre Regierung gleicht der
Schweizer ihrer. Sie haben einen Abscheu vor der despotischen Regierungsform. Sie sind Unterthanen und Bundesgenossen der Engländer,
seit dem albanyschen Frieden von 1664, worinnen sie erkannten, daß sie und
ihre Ländereyen dem Könige von Großbritannien unterworfen wären.
    Durch den Pelz- oder Rauchhandel, welchen die Iroquesen, oder
die fünf Völkerschaften mit den Engländern führen, bekommen sie Gewehr, Pulver und Bley, und alles, was ihnen nöthig ist, bessern Kaufes,
als sie es von den Franzosen bekommen würden. Sie achten diese beyden Nationen nur, in so weit sie ihre Waaren bedürfen, ob sie ihnen gleich
theuer zu stehen kommen; denn sie bezahlen viermal so viel dafür, als sie
werth sind. Die Franzosen haben ihrer ein großes Theil gewonnen,
und hören, um sie andern zu gewinnen, nicht auf, ihnen die Engländer,
als Feinde des menschlichen Geschlechtes vorzustellen. Die Wilden wissen nicht, was sie glauben. Zuweilen rufen sie zweyerley Gottheiten an.
Sie glauben, die Seele sey unsterblich. Einige unter ihnen, die nicht so
dumm sind, als die andern, dienen ihnen zu Priestern und Aerzten.
Sie haben ihre Gebiethe bis an den Fluß der Illinoer seit dem 1672sten
Jahre erstrecket, da sie die alten Chavananer, die natürlichen Eigenthümer des Landes und des Flusses Ohio, überwanden, denen sie einverleibet waren. Sie behaupten, es komme ihnen durch das Recht der Eroberung zu, so wie auch ein großes Stück von Mißißipi.
    Zwischen den Seen, Erie und Ontario ist der Fluß St. Lorenz, in
dessen Mitte man den berühmten Wasserfall oder Niagara-Sprung
sieht. Dieß ist der große Weg von Mißißipi nach Canada, und derer
Nationen, welche die Gegenden um die Seen bewohnen, um nach den
engländischen Pflanzstädten zu gehen.
    In Jahr 1704 verbrauchte Pensylvanien bereits für 180000 Pf.
Sterlings Waaren, die aus England kamen. Gleichfalls vermehrten

die Auflagen auf die nach England gebrachte pensylvanische Landeswaaren die Einkünfte der Krone um 30000 Pf. Sterlings.

Was Pensylvanien ausführet, das bestehet in Waitzen, Mehl, Zwieback, eingepökelten Rind- und Schweinefleisch, Schinken, Speck, Käse, Butter, Seife, Kerzen von Baumwachse, Mandelseife, Haarpuder, Aepfeln, Aepfelwein, gegerbten Leder, Talk, Talklichtern, Bienenwachse, Baumwachse, Doppelbiere, Leinöl, Häuten, Pelzwerk, Bieberbälgen, und etwas weniges Taback.

Maryland.

Diese Provinz hat Pensylvanien gegen Norden und Osten, und Virginien gegen Süden ꝛc. zwischen dem 37½ und 40 Grade Norderbreite. Sie wird durch den Fluß **Patowmack** gegen Westen ꝛc. begränzet. Ihren Namen hat sie von Karls des I. Königes in England, Gemahlinn, **Maria**, erhalten. Dieser Herr sonderte Maryland von Virginien ab, um es **Cäcil Calvert Lord Baltimore**, im Jahr 1632 zu geben. Es ist eins von den schönsten Kronlehen, und der Eigenthümer hat daselbst eine sehr große Gewalt.

Die Luft und das Erdreich in Maryland haben eben die Eigenschaften, als die in Virginien, wovon diese Provinz vorher einen Theil ausmachte. Ihr vornehmster Reichthum ist der Tabackshandel. Man findet daselbst alles im Ueberflusse, was zum Leben nöthig ist. Das ordentliche Getränke der Einwohner ist Cider, welcher daselbst sehr gut ist.

Man genießt allda großer Privilegien. Die Regierung wurde nach dem Muster der in England eingerichtet. Der Eigenthümer kann die Versammlung verlängern, oder auseinander gehen lassen, wenn es ihm gut dünkt, und es ist keine Acte kräftig, als wenn der Eigenthümer oder sein Abgeordneter sie genehm gehalten hat.

Vor vierzig Jahren zählte man 16 tausend engländische Einwohner in Maryland. Itzo zählt man ihrer über 40 tausend. Die Handlung hat sich nach dem Verhältnisse der Einwohner darinnen so stark vermehret, daß der Lord Baltimore sehr ansehnliche Einkünfte daraus zieht.

Die Indianer dieser Landschaft wohnen an der östlichen Küste, wo sie 2 bis 3 Dörfer haben. Ihre Anzahl ist sehr klein. Sie hat sich nicht so wohl durch die Kriege vermindert, die sie mit den Engländern gehabt haben, als vielmehr durch diejenigen, die sie beständig unter sich führen. Sie
sind

sind Betrüger und überaus große Faullenzer. Sie werden in Stämme abgetheilet, deren jeder einen besondern König hat. Der Fluß **Ohio** hat seine Quelle in diesem Lande, und da er gegen Südwest fließt, verliert er sich in Mißißipi.

Man theilet die Provinz in eilf Grafschaften; sechse liegen gegen Westen, und fünfe gegen Osten der **Cheasapeakbay,** wo es viele Städte giebt. Die vornehmsten sind **St. Maria** gegen Süden, und **Annapolis** gegen Norden, sonst **Arundelton,** an der Bay.

Virginien.

Virginien hat Maryland gegen Nordosten, wovon es durch den Fluß Patowmack abgesondert ist, das Nordmeer gegen Osten, Carolina gegen Süden, und gegen Westen diejenigen weitläuftigen Länder, die sich bis an das Südmeer erstrecken, wie die Linie auf dieser Karte nach Jacobs des I. Freyheitsbriefe zeiget. Es liegt zwischen dem 36½ und dem 40 Grade Norderbreite.

Die Winter sind daselbst zuweilen ziemlich rauh; obgleich gemeiniglich die Kälte nicht lange anhält. Im Somer empfindet man darinnen bennahe eben die Hitze, wie in den mittäglichen Theilen von Spanien.

Das Land ist sehr fruchtbar an Mais, an allerhand Früchten und einigen Wurzeln, woraus die Americaner Brod machen. Man findet daselbst wilde Weinstöcke, welche gute Trauben tragen. Es wächst allda viel Taback, welcher sehr hoch gehalten wird. Die Einwohner befleißigen sich vornehmlich, diese Pflanze zu bauen. Es giebt eine große Menge Elendsthiere und andre Thiere allda, deren Häute sehr hoch geschätzet werden; Löwen, Bäre, Hirsche, Caninchen, eine große Anzahl indianischer Hähne, und anderes Geflügel.

Das Land wurde, wie man sagt, von Sebastian Cabot, im Jahr 1497 unter Heinrichs des VII. Königs in England Regierung entdecket. Der Ritter **Walther Ral-igh** hat gewiß die Ehre gehabt, diese Landschaft im Jahr 1584 zu entdecken, und daselbst den ersten Sitz anzulegen. Er gab ihr den Namen **Virginien,** der Königin Elisabeth zu Ehren, welche sich nicht vermählte. Virginien erstreckte sich vordem von Florida bis nach Neu-Schottland, und enthielt Neu-England, Neu-York, Neu-Jersen, Pensylvanien, Maryland und Carolina. Die Kriege und die Blutbäder, welche der bösen Regierung der Eigenthümer zuzuschreiben sind, haben den Fortgang dieser Colonie überaus sehr aufgehalten. Seit 1679 aber hat sie sich immer mehr und mehr verstärket. Virginien hat im Jahr 1703, ohne die Franzosen und Schwarzen zu rechnen, bereits 60000 Seelen in sich begriffen, heute zu Tage aber sind ihrer, alles zusammen gerechnet 140000 an der Zahl; indem das Land seit dem Anfange des gegenwärtigen Jahrhunderts sich merklich aufgeholfen hat.

 Die ursprünglichen Landeseinwohner sind nur in kleiner Anzahl. Ihre Trägheit ist Ursache daran. Sie vernachläßigen ein Land, welches ihnen alle Sachen überflüßig bringen würde, wenn sie es bauen wollten. Sie kleiden sich in wilde Thierhäute. Sie mahlen sich ihren Leib, um desto schöner auszusehen. Im Sommer gehen sie nackend, und bedecken nur diejenigen Theile, welche die Schaam nicht erlaubet zu nennen. Die Untreu in der Ehe ist bey ihnen ein nicht zu verzeihendes Verbrechen, und ob ihnen gleich die Ehescheidung erlaubet ist; so kommen sie doch selten zu dieser Trennung. Die Mannspersonen beschäftigen sich nur mit der Jagd, der Fischerey, dem Kriege und andern dergleichen Uebungen, unterdessen daß die Frauenspersonen das Feld bauen, und die Hausarbeit verrichten. Ihr größter Handel ist mit Häuten von denen Thieren, die sie erlegt haben. Ihre Waffen sind der Bogen, Pfeil und eine Keule. Ihre Religion ist, daß sie alles das anbeten, wovor sie sich fürchten, als das Feuer, Wasser, den Donner, die Stücken, die Pferde und vornemlich den Teufel.

 Der vornehmste Reichthum des Landes ist der Taback, wovon die Colonie jährlich fast hunderttausend große Fasser nach England schicket. Dieser einzige Artikel brauchet drey bis vierhundert Schiffe, und über viertausend Matrosen. Ueber sechzigtausend Fässer werden in fremde Länder ausgeführet, welche zu 5 Pf. Sterlings das Faß, 300000 Pf. Sterlings bringen, ohne die Zölle und Fracht zu rechnen, welche dieser Handel verschaffet. Man hält dafür, es wären nicht weniger, als fünfhunderttausend Einwohner in Virginien, die Negern mit dazu gerechnet, welche man daselbst brauchet. England schicket die meisten zum Leben nothwendigen Sachen dahin, als Tücher, Seide, indianische Waaren, Wein, allerhand Arten Zeuge, Hüte, Schuhe, Strümpfe, Flanelle, Nägel, Aexte, Messer; mit einem Worte, England versieht es mit unzähligen Sachen, die bey ihnen gezeuget oder gemacht werden, welche sich bey nahe auf eine Million Pf. Sterlings belaufen. Das Beste dieser Nation erfordert es, den Anwachs daselbst zu befördern, vornehmlich an fremden Colonisten aus den protestantischen Ländern; indem es augenscheinlich ist, daß man immer mehr zum Essen und Trinken gehörige Waaren brauchet, so wie das Volk zunimmt.

Man theilet Virginien in fünf und zwanzig Graffschaften.

Die Cheasapeakbay bewässert Süd-Osten.

Die vornehmsten Flüsse sind der Patowmack gegen Norden, der James gegen Süden, und Bois gegen Westen.

Jamestown gegen Süden an dem Flusse James, der Hauptstadt in Virginien und Williamsburg, einige Meilen von Jamestown, sind die merkwürdigsten Oerter darinnen. Die Städte dieser Provinz sind nicht sehr bevölkert; weil sich die vornehmsten des Landes bey ihren Pflanzungen aufhalten.

Carolina.

Carolina liegt zwischen Virginien gegen Norden und Georgien gegen Süden, wovon es durch den Fluß Savannah abgesondert wird, und zwischen dem Nordmeere gegen Osten und dem Flusse Mißißipi gegen Westen. Karls des II. Freyheitsbrief läßt sich die Gränzen desselben bis an das Südmeer erstrecken. Nach dem Freyheitsbriefe liegt es zwischen dem 29 und 36 ½ Grade Norderbreite. Man theilet es in das nördliche und südliche Carolina.

Die Luft ist daselbst rein und gesund, aber weit heißer, als in Virginien. Das dasige Erdreich ist fruchtbar an Früchten, Körnern, Hülsenfrüchten, Holze und Reiße. Man holet daraus fast alle Arten von Lebensmitteln, womit man die engländischen Antillen versieht. Die Weinstöcke kommen daselbst sehr gut fort. Die Maulbeerbäume sind überflüßig allda, welche die Seidenwürmer ernähren. Die Lichtmyrthen oder Wachsbäume sind daselbst in größerer Anzahl, und kommen in dieser Provinz besser fort, als in den andern engländischen Besitzungen. Es giebt viele wilde Thiere und Wildpret daselbst. Es finden sich wenig Länder, die so bequem zur Handlung und Schiffahrt sind, als dieses, wegen der vielen schiffbaren Flüsse, die es bewässern. Das Ungeziefer ist daselbst sehr beschwerlich. Die Gehölze sind voller Schlangen, jedoch haben sie kein Gift, nur die Schellenschlangen sind giftig. Die Flüsse gegen Süden sind sehr fischreich, sie haben aber Meervielfraße und andere große Fische, als Crocodile, die sehr gefährlich sind.

Diese

Diese Provinz war vordem ein Stück von Florida; daher sie von einigen Erdbeschreibern das **engländische Florida** genannt wird. Die Spanier setzten sich daselbst zuerst. Weil die Franzosen dieses Land für verlassen ansahen; so setzten sie sich daselbst unter Karls des IX. Königs in Frankreich Regierung, von dessen Namen es hernach den Namen **Carolina** seit dem geführet hat. Die Spanier verjageten die Franzosen daraus, denen sie grausam begegneten. Diese letztern verjagten ihrer Seits die Spanier wieder, denen sie auf eben die Art begegneten, wie sie ihnen begegnet hatten. Im Jahr 1622 ließen sich die Engländer, welche aus Virginien und Neu-England flüchteten, um sich vor dem Blutbade der Indianer zu sichern, an dieser Küste nieder. Ihre Anzahl wuchs daselbst an, und dieses Volk ward so glücklich, daß es sich durch die Handlung dermaßen bereicherte, daß jährlich von **Charlestown** über zweyhundert mit Reiße, Theer, Pech, Holze und andern Sachen, die das Land hervor bringt, beladene Fahrzeuge, fast inegesammt für England, abgehen. Sie führen einen vortheilhaften Handel mit den Indianern, denen sie für ihr Pelzwerk Pulver, Bley, Eisenarbeiten, abgezogene Wasser 2c. im Umtausche geben. Man rechnet nicht weniger, als 50000 Negern in Carolina. Es ist Schade, daß die Handwerksleute daselbst so rar sind. Man ist genöthiget, einen übermäßigen Preiß für europäische Waaren zu bezahlen, die man sehr guten Kaufes im Lande haben könnte, wenn es Künstler genug daselbst gäbe.

Die beyden vornehmsten indianischen Völker, ihre Nachbarn sind die **Creeken** und die **Cherakeen**, mit denen die Engländer lange Zeit Krieg geführet haben. Diese Völker sind ihnen gegenwärtig unterworfen, und dienen ihnen zu einer mächtigen Vormauer wider die Franzosen und Spanier.

Die Eingebohrnen des Landes sind nicht so wild, als die in einigen andern Ländern von America. Sie sind von Natur weiß, sie mahlen sich aber die Haut, welches sie gelb und olivenfarbicht machet. Sie gehen gemeiniglich nackend, und bedecken sich nur die Mitte des Leibes. Sie sind sehr lasterhaft, spitzbübisch, verwegen, betrügerisch. Sie sind so eifersüchtig auf ihr Haupthaar, daß sie solches für nichts in der Welt verlieren wollten. Die Jagd und das Fischen sind ihre liebsten Beschäftigungen. Sie bauen indessen doch die Ländereyen: sie säen aber für ihren Unterhalt auf vier oder fünf Monate, ohne weiter hinaus zu denken, und halten sich über die Engländer auf, daß sie sich wegen des künftigen so viel Sorge machen. Sie unternehmen nichts, ohne einen allgemeinen Rath, welcher aus den Häuptern und Räthen oder Alten der Cantonen bestehen, die sich alle Morgen versammeln. Sie beten die Sonne und den Mond an, und halten ihre Pfaffen in großen Ehren.

Man theilet dieses Land in das **nordliche Carolina** und **südliche Carolina.** Ein jedes hat seinen Statthalter, und wird wieder in Grafschaften und in eine gewisse Anzahl Pfarren eingetheilet.

Die vornehmsten Flüsse, die es bewässern, sind von Süden gegen Norden, der **Savannah,** der **Sante** und der **Clarendon.**

Das **Cap Fear,** mitten in der Provinz, ist der Ort, der es in Nord und Süd abtheilet.

Charlestown, im 33 Grade Norderbreite, die Hauptstadt der Provinz, ist sechs englische Meilen vom Meere an der Mündung des Flusses Cooper erbauet. Es ist der einzige Freyhafen, den man daselbst hat. Man führet alles dahin, was das Land bringt. Es wird daselbst ein **ansehnlicher** Handel getrieben. Die Stadt hat nicht über 6 bis 700 Häuser und ohngefähr 3000 Seelen. Man sieht darinnen viele öffentliche sehr wohl gebauete Gebäude. Der Statthalter hat seinen Sitz daselbst. Die Versammlungen und Gerichte werden allda gehalten. Alle Geschäfte der Provinz geschehen daselbst. Die Barre, welche vor Charlestown ist, verhindert die Fahrzeuge von mehr als 200 Tonnen, daselbst einzulaufen. Diese Stadt hat von dem Oceane und der Ueberschwemmung im 1752sten Jahre vieles erlitten.

Georgien.

Georgien, welches in dem südlichen Carolina eingeschlossen ist, liegt zwischen dem Flusse Savannah gegen Norden, dem Flusse Alatamaha gegen Süden, dem Nordmeere gegen Osten und Mississipi gegen Westen. Nach dem Freyheitsbriefe erstrecket es sich, wie Carolina und Virginien, bis an das Südmeer.

Es liegt zwischen dem 31 und 32½ Grade Norderbreite, und hat von Südost gegen Nordwest 300 englische Meilen in der Länge. Die Spanier fodern es wieder als ein Stück von dem spanischen Florida. Im Jahr 1732 wurde es von dem südlichen Carolina abgesondert, und man unternahm es, daselbst eine Colonie zu errichten, welcher man den Namen **Georgien,** dem Könige Georg dem II zu Ehren gegeben hat. Der Herr General Oglethorpe, ein sehr wirksamer und für das Beste
seines

seines Vaterlandes höchst eifriger Mann, begleitete die ersten Colonisten dahin. Man machte zu gleicher Zeit eine schöne Beschreibung des Landes bekannt. Das Parlement bewilligte ansehnliche Summen, welche nebst den Geschenken vieler Privatpersonen diese Niederlassung zu befestigen schienen. Ungeachtet aller Lobsprüche aber, die man davon gemacht hat, und der Großmuth, deren man sich gegen die Colonisten bedienet hat, sind doch viele daraus weggelaufen. Es ziehen noch immer viele weg, und es steht zu befürchten, daß, wofern die Regierung in England solchen nicht bald abhilft, Georgien gänzlich verlassen werde. Es ist gegen Süden eben so wichtig, als Neu-Schottland gegen Norden, zur Sicherheit der Colonien, die dazwischen liegen.

Florida.

Die Erdbeschreiber sind wegen der Gränzen dieser Landschaft sehr unterschieden. Die einen haben es zwischen Neu-Mexico, Carolina, dem Nordmeere und dem mexicanischen Meerbusen begriffen; die andern haben es gegen Westen durch den Fluß Mississipi begränzet; und noch andre endlich durch die Bay Pensocala. Seit dem aber die Engländer das Land der Apalachen im 1702 und im 1703ten Jahre erobert haben: so nennet man die Halbinsel Tegeste eigentlich Florida. Das ganze Land, welches zwischen dieser Halbinsel und Georgien liegt, gehöret zu dem südlichen Carolina.

Die Luft darinnen ist rein und gesund. Die Hitze ist daselbst sehr groß, sie wird aber durch die Winde von dem Meere gemäßiget. Das Land bringt Mais, Früchte, Wildpret, Sassafras, Farbeholz rc. hervor. Es ist längst den Küsten nicht sonderlich fruchtbar; in der Länderey aber sehr, wo man zwo Maisernten im Jahre hat. Zu gewissen Zeiten des Jahres erscheint daselbst eine ungeheure Menge Tauben. Man findet daselbst Cochenille, Salpeter, Perlen im Ueberflusse, Ambragris, welcher sein Pfund Gold gilt, und Kupfer und Eisenbergwerke. Die Flüsse ernähren viele Crocodile, welche die Einwohner als ein hartes Fleisch essen. Sie gehen fast nackend. Sie reiben sich den Leib mit einigen Oelen, wie die in Carolina, ihre Nachbarn thun. Außer dem Feldbaue beschäftigen sich die Floridaner mit der Jagd, der Fischerey und dem Kriege. Sie haben keine äußerliche Religionsübung: doch haben sie einige Verehrung für die Sonne und den Mond. Ihre Pfaffen dienen ihnen zu Aerzten,

ten. Sie sind träge, betrügerisch, hinterlistig, grausam. Sie haben einen tödlichen Haß gegen die Christen. Die Frauenspersonen sind wool gebildet und stark. Sie gehen mit ihren Männern auf die Jagd und in den Krieg. Sie schwimmen mit ihren Kindern auf dem Rücken über die Flüsse.

Sebastian Cabot, welcher auf Befehl des Königes in England Heinrichs des VII. abgegangen war, an der Westseite einen Durchgang in das Südmeer zu suchen, endecket dieses Land, und landete im Jahr 1497 daselbst. Die Spanier sind oftmals hinein gerücket, und allemal wieder mit Pfeilen oder Keulen hinaus gejaget worden. Ferdinand Soto, welcher Peru erobert hatte, rückete im Jahr 1534 hinein, und starb daselbst vor Verdrusse, weil er keine Schätze von Gold und Silber allda fand, wie er es gehoffet hatte. Im Jahr 1549 schickte Karl der V Ordensleute dahin, die wilde Gemüthsart der Einwohner sanfter zu machen: allein, diese Wilden schunden sie lebendig, und hiengen ihre Häute vor den Thüren ihrer Hütten auf.

Florida hat diesen Namen von eben den Soto erhalten, entweder weil er am Palmsonntage daselbst angekommen, oder weil er das Feld mit Blumen bedeckt gefunden. Man sehe Correals-Reisen.

Der merkwürdigste Ort in dem spanischen Florida ist St. Augustin, an dem Nordmeere.

St. Augustin ist eine ziemliche gute Stadt mit einem sehr schönen Hafen. Sie hat vier große Straßen, und ist mit ziemlich guten Festungswerken versehen, ob sie gleich nicht nach dem heutigen Geschmacke sind. Sie wird auch durch eine kleine Citadelle vertheidiget, welche dienet, die Einwohner im Zaume zu halten. Die Engländer haben sie belagert, erobert und zweymal ausgeplündert, und zweymal haben sie sie vergebens belagert. Der Besitz dieses Platzes ist in Kriegeszeiten den Engländern von der äußersten Wichtigkeit gewesen, ohne zu rechnen, daß ihre Niederlassungen in Süden vor allem Angriffe von Seiten der Spanier bedeckt seyn würden.

Cap-Florida ist die südlichste Landspitze.

Pensacola an der Bay, eben dieses Namens, in dem mexicanischen Meerbusen, über dessen Besitz die Franzosen oftmals gestritten haben, gehöret heutiges Tages den Spaniern. St. Markz an der Apalachenbay und St. Matthias gegen Osten sind von dem Generale Oglethorpe zerstöret worden. Seit dem aachener Frieden aber haben

die

die Spanier viele Forts gegen Norden an dem Flusse St. Juan gebauet, und den letzten Sommer ist eine beträchtliche Anzahl Familien von der Havana gekommen, die sich in dem Lande der Apalachen niedergelassen haben.

Der Meerbusen von Florida, oder der Canal von Bahama ist das Meer, welches zwischen den Inseln Bahama und der Küste der Halbinsel Tegeste liegt. Der Strom ist daselbst überaus stark, welcher die Schiffe aus dem mexicanischen Meerbusen in das Nordmeer führet, wenn sie nach Europa zurück kehren.

Neu-Frankreich.

Neu-Frankreich ist das große Land zwischen den unbekannten Ländern und Neu-Britanien gegen Norden, den engländischen Besitzungen gegen Osten, dem mexicanischen Meerbusen gegen Süden, Neu-Mexico und den unbekannten Ländern gegen Westen.

Es wird in den nordlichen Theil, welcher Canada heißt, und in den südlichen, den man Luisiana nennet, eingetheilet.

Canada.

Canada liegt gegen Westen von Neu-Schottland, und gegen Norden von Neu-England, von Neu-York und den fünf großen Seen. Dieses Land wurde im Jahr 1504 von den Bretagnern und Normannen entdecket. Zwanzig Jahre darnach schickte Franz der I Johann Verrazan, einen Florentiner dahin, welcher im Namen dieses Herrn davon Besitz nahm, und ihm den Namen Neu-Frankreich gab. Verrazan wurde daselbst von den Wilden ergriffen und und gefressen. Obgleich dieses Land mitten in dem gemäßigten Erdgürtel liegt; so ist die Luft daselbst doch sehr kalt. Die Ursache davon sind die Wälder und die große Anzahl Seen, wie auch die Nebel und der Schnee, welcher daselbst von dem November bis in April dauret. Man findet allda einige Eisen- und Kupferbergwerke und verschiedene Arten von Thieren, als Bären, Elendsthiere, Hirsche, Fischottern, Marder und Bieber, welche nebst dem Gehölze in der Fischerey den größten Reichthum des Landes ausmachen. Wenn die Schiffe nach Canada und von da weggehen; so fahren sie zwischen der Insel Terreneuve und Cap-Breton durch. Diese letztere ist den Franzosen so wichtig, daß von ihrer Erhaltung

tung die Erhaltung der Provinz Canada und des Handels abhängt, den sie an diesen beyden Orten führen.

Canada und die umliegenden Gegenden werden von einer großen Anzahl Nationen bewohnet, deren jede ihre Sprache hat. Sie sind überhaupt gerade, wohlgebildet, munter und olivenfarbigt. Außer den Haaren auf dem Kopfe, die bey allen sehr schwarz sind, und den Augenrahmen, die sich einige so gar ausreißen, haben sie nicht ein Härchen auf dem Leibe, und fast alle Americaner sind so beschaffen. Man siehe selten unter ihnen Lahme, Einäugigte und Bucklichte, Blinde, Stumme rc. Die Greise und die verheyratheten Personen bedecken sich die Mitte des Leibes, da die jungen Leute hingegen den Sommer über so nackend sind, wie die Hand. Das Land ist nicht so bevölkert, als vor dem. Die Kriege sind zum Theil Ursache daran, und es ist auch sehr wahrscheinlich, daß sich eine große Anzahl derselben in unbekannte Länder begeben habe. Diese Wilden kennen kein personliches Eigenthum, welches so viel Streitigkeiten unter andern Menschen verursachet, und was des einen ist, gehöret auf gleiche Art auch dem andern. Wenn es einem Indianer auf der Jagd nicht geglücket ist; so helfen ihm seine Mitbrüder aus, ohne darum gebeten zu werden. Wenn seine Flinte spaltet oder zerspringt; so bemühet sich ein jeder, ihm eine andere darzubiethen rc. Die meisten kennen kein Geld. Nur diejenigen, die an den Thoren der Städte wohnen, bedienen sich desselben. Die andern wollen es nicht anfassen, noch sehen. Sie nennen es die Schlange der Franzosen. Die Kriegesleute unternehmen niemals etwas, ohne Ueberlegung des Rathes, welcher aus allen Aeltesten der Nation besteht. Das Alter wird unter ihnen sehr geehrt.

Die Völker sind wild, ob gleich ihre Gemüthsart im Grunde ziemlich lenkbar ist. Sie sind überaus sehr zur Rache geneigt. Sie besitzen viel Treulosigkeit, und man kan sich auf ihr Versprechen nicht verlassen. Sie leben meistentheils ohne Religion und ohne Gesetze. Die Französischen Glaubensbothen haben einige bekehrt.

Der Fluß St. Lorenz oder Canada ist der vornehmste unter allen. Er kömmt aus dem Huronensee, geht durch die Seen Erie und Ontario, und ergießt sich in den Meerbusen St. Lorenz. Man giebt ihm eine Länge von 800 Seemeilen. Man findet darinnen viele Wasserfälle, welche die Schiffahrt bis nach Quebec unmöglich machen. Der größte Wasserfall ist Niagara zwischen dem Erie und Frontenac oder Ontariosee. Man höret das Geräusch davon über zehn Meilen weit. Die

Die vornehmsten Seen zwischen Canada und Luisiana sind der Tracel oder der obere See; der Illinoissee, der Huronensee, der Eriesee und Ontariosee oder Frontenacsee. Der obere See ist nicht sehr schiffbar wegen der Klippen darinnen, und seines schnell dahin reißenden Wassers. Dieser See und der Illinoissee ergießen sich in den Huronensee. Der Huronensee fällt in den Eriesee, und dieser letztere verliert sich in dem Ontariosee.

Die merkwürdigsten Oerter in Canada sind in Saguenay, Montreal gegen Süden, die Drey-Flüsse (Trois rivieres) gegen Norden, Quebec gegen Nordost, Tadussoc gegen Norden an dem Lorenzflusse.

Montreal oder Ville Marie, ist eine Stadt auf der Insel gleiches Namens in dem Lorenzflusse. Sie ist befestiget, und treibt starke Handlung, sonderlich mit Bieber und Bärenhäuten.

Die Drey-Flüsse gegen Norden, an dem Lorenzflusse ist ein anderes kleines Städtchen.

Quebec gegen Nordost, im 47und ½ Grade Norderbreite, an eben dem Flusse ist die Hauptstadt von ganz Canada, und besonders von Saguenay. Die Stadt ist mittelmäßig groß, und wird in die obere und untere Stadt getheilet. Die obere liegt auf einem Felsen, und die untere an dem Flusse, welcher daselbst einen weiten und tiefen Hafen bildet. Sie ist sehr bevölkert, wohl gebauet, und wird von einer Citadelle vertheidiget, worinnen der Statthalter von Canada seinen Sitz hat. Es ist ein umumschränkter Rath, viele Ordenshäuser und ein ziemlich schönes Jesuitercollegium darinnen.

Tadussoc gegen Norden an der Mündung des Saguenay und des Lorenzflusses ist die zweyte Stadt in Canada. Ihr Hafen ist gut.

Man findet in einer neuen Karte, die von dem Herrn Buache 1750 herausgegeben worden, ein sehr großes Meer gegen Nordwest von Canada, das Westmeer oder die Westbay genannt. Man findet über dieses gegen Norden von dieser Bay, Meere, Flüsse und Seen, die noch auf keiner einzigen von den bisher herausgegebenen Karten erschienen sind; und die sich von der Hudsonsbay durch Felder und Berge von einer ungeheuren Höhe abgesondert befinden.

Luisina.

Luisina ist das mittägliche Stück von Neu-Frankreich. Es wird gegen Norden von denen Ländern, welche die Illinois und eine Menge wilder

der Völkerschaften bewohnen, gegen Osten von Mißißipi, gegen Süden von dem mexicanischen Meerbusen, und gegen Westen von Neu-Mexico und weitläuftigen unbekannten Ländern begränzet.

Die Himmelsluft ist mit der in Carolina beynahe einerley. Die Wälder bedecken fast dieses große Land ganz. Es wird von einer großen Anzahl Flüsse gewässert, worunter einige sind, die zu gewissen Jahrszeiten austreten, und es sehr fruchtbar machen. An einigen Orten erndtet man dreymal. Man findet allda Baumwolle, einen Gummi von auserlesenem Geruche, eine Menge Vieh, und Wildpret, und überhaupt alles, was zum Leben nöthig ist. Ungeachtet aller dieser guten Sachen ist Luisina doch schlecht bewohnet, und man dringt sich eben nicht, daselbst niederzulassen.

Man hat diesem Lande den Namen **Luisiana** Ludewig dem XIV. zu Ehren gegeben, unter dessen Regierung es von den Hrn. de la Salle entdeckt worden, und **Mißißipi** hat man von dem Flusse dieses Namens genannt. Die Indianische Compagnie hat es im Besitze gehabt: im Jahr 1730 aber gab sie es dem Könige wieder. Die Protestanten in Frankreich haben vielmals um Erlaubniß gebeten, sich daselbst niederzulassen; und man hat es ihnen allemal abgeschlagen. Der Admiral Coligni hatte einmal den Anschlag gefasset, sich dahin zu begeben.

Gegen Westen von den Chüasawern ist das Land der Alkansaer, welches nach der Illinois ihrem am bequemsten ist, alle Arten von Korne hervor zu bringen, und Vieh zu ernähren. Auf dasselbe gieng die Verwilligung des berüchtigten Herrn **Law**. Die Alkansaer werden für die größten und wohlgebildesten unter allen Wilden gehalten, und man nennet sie Vorzugsweise die schönen Leute. Die Franzosen haben daselbst zwey Forts an dem Flusse Mißißipi, 2, Seemeilen von einander.

Der Fluß Mißißipi ist der größte unter allen Flüssen in Luisiana. Er hat seinen Lauf von Norden gegen Süden. Seine Quelle ist unbekannt.

Die vornehmsten Oerter in Luisiana sind das Fort-Conde oder **Mobile** gegen Osten, an der Bay Mobile; Neu-Orleans gegen Südwest, welches die Hauptstadt ist, und 1717 erbauet worden, und St. Luis oder St. Bernhard gegen Westen, an dem mexicanischen Meerbusen. Man sehe Charlevoir Geschichte von Neu-Frankreich.

Länder, welche die Engländer fordern, und die ihnen von den Franzosen streitig gemacht werden rc.

Diese Länder sind von einem weitläuftigen Umfange. Sie werden zwischen Canada gegen Norden, dem See Michigan oder der Illinois, dem Flusse der Illinois, dem Flusse Mißißipi gegen Westen, der mexicanischen Bay gegen Süden und den engländischen Pflanzstädten gegen Osten begriffen. Man entdecket sie mit einem Blicke auf dieser Karte von den engländischen und französischen Besitzungen in dem nordlichen America.

Die Engländer suchen ihre Gerechtsamen auf diese Länder in denen Verträgen und Vergleichen, die sie mit den vornehmsten Völkern gemacht haben, welche solche bewohnen, wodurch sie das Eigenthum und die uneinschränkte Herrschaft derselben erlanget haben.

Die Irocquesen sind die kriegerischten und fruchtbaresten unter allen Völkerschaften in America. Ich habe in der Beschreibung von Pensylvanien davon geredet, worauf ich meine Leser verweise. Diejenigen, welche jenseits des Ontariosees und des Lorenzflusses wohnen, nenne ich die Nord-Iroquesen, weil sie den andern gegen Norden wohnen, und auf französischer Seite sind. Die fünf Völkerschaften sehen sie als Ueberläufer und Abtrünnige an. Um den See Ontario sind vier Forts, als Frontenac, Toronto und Niagara, die den Franzosen gehören; und Oswego, welches den Engländern zusteht.

Die alten Huronen bewohneten das Land oder die Halbinsel, die von dem Huronensee, dem Eriesee und Ontariosee gebildet wird. Sie waren sehr mächtig. Die Iroquesen oder sechs iroquesische Völkerschaften von englischer Seite, haben sie in denen Kriegen, die sie mit ihnen geführet haben, fast gänzlich aufgerieben: es sind ihrer heutiges Tages wenig übrig. Die Huronen werden für die witzigsten unter denen Wilden gehalten. Ihr Land ist auch von den Iroquesen erobert worden, die es seit dem 1660sten Jahre im Besitze haben.

Die Algonquinen sind die Ueberbleibsel von einem angesehenen Volke, welches vor dem hundert Seemeilen oberhalb Drey-Flüßen (Trois-rivieres) wohnete. Sie haben sich zwischen dem Ontario und Huronensee geflüchtet, nachdem die Iroquesen sie geschlagen und drey Viertel von ihnen aufgerieben haben. Die algonquinische Sprache wird in Canada sehr hoch gehalten, weil alle die Völkerschaften, die auf tausend Meilen in der Runde herum wohnen, die Iroquesen und Huronen ausgenommen, sie vollkommen verstehen.

Die Messiaguer gegen Nordost von dem Huronensee sind von den Iroquesen besieget worden, mit denen sie gegenwärtig vereiniget sind, und die achte Völkerschaft dieses Bundes ausmachen.

Die Nioger oder Nicariager zwischen dem Huronensee und Auchigansee sind Völker, die von eben den Iroquesen besieget worden. Sie haben sich mit den sechs Völkerschaften vereiniget, und machen die siebende von dem Bunde aus. Gegen Norden von ihrem Lande haben die Franzosen das Fort St. Janace und gegen Süden das Fort St. Joseph an dem Flusse St. Joseph, und das Fort Pontchartrain an der Meerenge.

Die

Die Ouabogher gegen Süden des Michigansees, welche von dem sechs Völkerschaften so genennt werden, sind Völker, deren Ländereyen dem Könige in England 1701 verkauft worden, und welchen Verkauf man 1726 und 1744 bestätiget hat.

Gegen Westen und Osten von dem Fort Sandoski, gegen Süden von dem Eriesee ist ein vortreffliches Land zur Jagd, welches auch viel Salz giebt. Es ist der Sammelplatz der Jäger, der Kriegesleute, und derjenigen von den sechs Völkerschaften, welche auf den Handel gehen. Gegen Südwest von eben dem See ist ein französisches Fort; in dem Lande der Senekaer giebt es ihrer zwey, und an dem Ohio gegen Süden von diesen letztern, ist das Fort Quesne, welches auch den Franzosen gehöret.

Die hintern Länder in Virginien werden von drey merkwürdigen Flüssen, dem Ohio, dem Allegany oder dem schönen Flusse, dem Uabache oder dem Flusse St. Hieronymus und dem Flusse Illinois gewässert.

Der Ohio ist ein großer Fluß, welcher seine Quellen in dem Lande der Iroquesen gegen Nordost von dem Eriesee hat. Er läuft über 800 französische Meilen weit, und ergießt sich in den Mißißipi. Die Ohieer oder Indianer an dem Flusse Ohio, sind ein Stamm, der aus verschiedenen Indianern der engländischen Pflanzstädte besteht, die stets mit den Engländern verbunden, und ihnen unterworfen sind. Die Delawarer und die Shawanoer sind die ansehnlichsten darunter.

Der Uabache oder Fluß St. Hieronymus, hat seine Quelle gegen Westen von dem Eriesee, und fließt von Nordost gegen Südwest, da er sich in dem Ohio verliert. Die Indianer, welche das von diesem Flusse gewässerte Land bewohnen, sind die Twightwier oder Miamier, eine mächtige und zahlreiche Völkerschaft, welche das Bündniß getreulich beobachtet, das sie mit den Engländern geschlossen hat. Gegen Westen an dem Mißißipi haben die Franzosen das Fort Chartres.

Der Fluß der Illinois hat seine Quelle fast Südwest von dem Michigansee oder Illinoissee, und verliert sich in dem Mißißipi. Er giebt seinen Namen einem Volke, welches gegen Süden und Westen des Sees gleiches Namens wohnet. Die Franzosen haben an diesem Flusse das Fort Miamis.

Die Cheroker sind die zahlreichste Völkerschaft auf diesem festen Lande. Sie bewohnen das große Land zwischen den Apalachengebirgen, den Chicasawern, dem Mißißipi und dem Ohio. Seit 1729 sind sie dem Könige in England unterworfen. Die Engländer haben eine Anzahl Factoreyen unter ihnen.

Die Creeker wohnen gegen Mittag. Diese Völkerschaft ist auch sehr mächtig, und hat sich seit 1733 den Engländern unterworfen, welche Factoreyen und Sitze an allen merkwürdigen Orten der Creeker haben.

Das Fort Toulouse oder Albamas wurde 1715 von den Franzosen weggenommen, ob es gleich acht und zwanzig Jahre zuvor von den Engländern erbauet worden.

Die Chactawer gegen Osten und Westen von Mißißipi sind mächtig und Freunde der Franzosen.

Die Raucheer, gegen die Mündung des Mißißipi zu, halten eine ganz und gar despotische Regierungsform. Sie führeten selten Krieg, und suchten ihre Ehre nicht in Aufreibung der Menschen. Sie sind von den Franzosen 1730 ausgerieben worden. Das Fort Rosalie ist an dem östlichen Ufer des Mißißipi.

Die Chicasawer gegen Norden der Chactawer sind Bundesgenossen und Unterthanen der Engländer, welche Factoreyen in ihren Ländern haben.

E N D E.

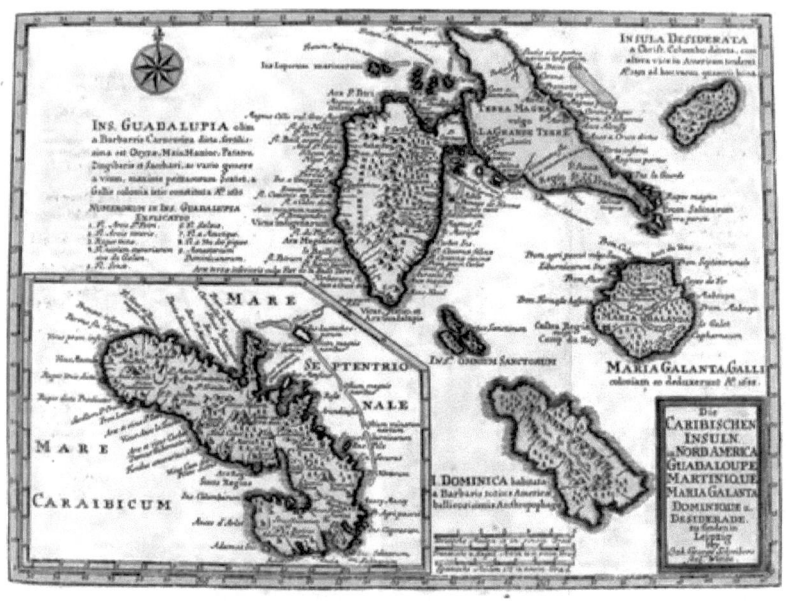

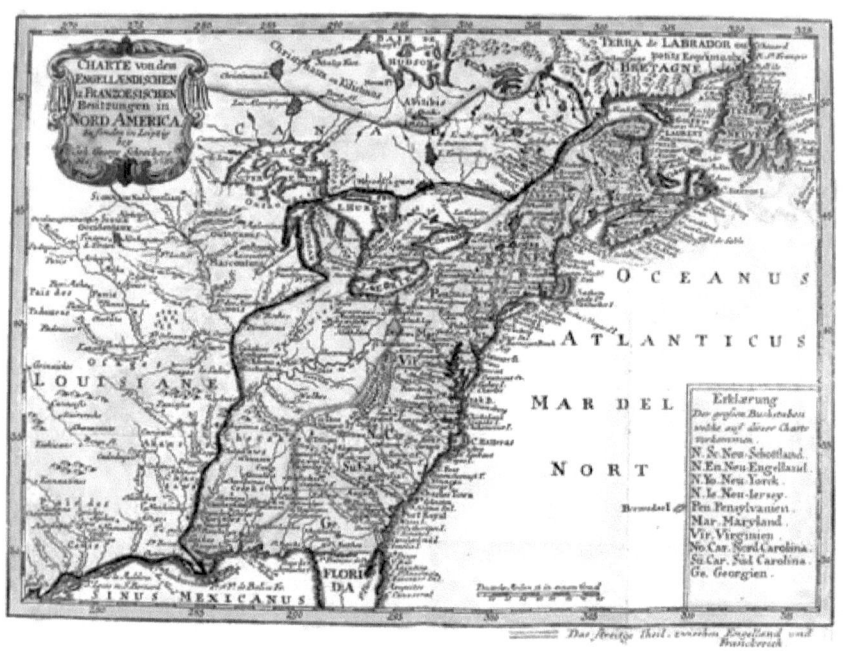